E. SIEURIN

CARTES D'ÉTUDE
POUR SERVIR À L'ENSEIGNEMENT DE L'HISTOIRE ET DE LA GÉOGRAPHIE

CLASSE DE QUATRIÈME

LE MOYEN AGE (476-1328)

FRANCE ET COLONIES

MASSON et Cie
ÉDITEURS

MASSON ET Cⁱᵉ
ÉDITEURS

8 fr. 20

Cartes d'Étude

I. — MOYEN AGE (476-1328)
II. — FRANCE ET COLONIES

Classe de Quatrième

ENSEIGNEMENT DE L'HISTOIRE ET DE LA GÉOGRAPHIE

ENSEIGNEMENT SECONDAIRE JEUNES GENS ET JEUNES FILLES

Cahiers Sieurin

I. *Classe de 6e.* (*Programmes de 1923*). Géographie générale, Amérique, Australasie (8e édition).
II. *Classe de 5e.* (*Programmes de 1923*). Asie, Insulinde, Afrique (7e édition).
III. *Classe de 4e.* (*Programmes 1923*). France et Colonies (10e édition).
IV. *Classe de 3e.* France et Colonies (8e édition).
V. *Classe de 2e.* Géographie générale (2e édition).
VI. *Classe de 1re.* France et colonies (8e édition).

Cahiers d'Histoire

Par E. SIEURIN

Classe de 6e. (*Programmes de 1923*). Orient et Grèce (8e édition).
Classe de 5e. (*Programmes de 1923*). Histoire Romaine (7e édition).
Classe de 4e. (*Programmes de 1923*). Moyen Age : 476 à 1328 (5e édition).
Classe de 3e. L'Époque contemporaine (2e édition).
Classe de 1re. Précis d'Histoire moderne (1715-1815).

CARTES D'ÉTUDE

pour servir à l'enseignement de l'Histoire

Antiquité. — Moyen Age. — Temps modernes et contemporains. *Nouvelle édition entièrement refondue et augmentée de cartes relatives à la guerre 1914-1918.*

MANUEL DE GÉOGRAPHIE ÉCONOMIQUE

pour l'Enseignement commercial
Par J.-G. KERGOMARD

Professeur au Lycée Louis-le-Grand, à l'École normale de l'Enseignement technique et aux Écoles commerciales de Paris.

1 vol. in-16, avec cartes et graphiques, cartonné.

(*Voir page 4 la division des Cartes d'Étude.*)

Cartes d'Étude

pour servir à l'Enseignement de

l'Histoire et de la Géographie

PAR

E. SIEURIN

Professeur d'Histoire et de Géographie au Collège de Melun,
Directeur des Cours secondaires de jeunes filles.

I. — MOYEN AGE (476-1328)
II. — FRANCE ET COLONIES

Classe de Quatrième

Quinzième édition
CONFORME AUX PROGRAMMES DE 1923.

PARIS
MASSON ET Cⁱᵉ, ÉDITEURS
120, BOULEVARD SAINT-GERMAIN

1925
Tous droits de reproduction, de traduction et d'adaptation réservés pour tous pays

ENSEIGNEMENT SECONDAIRE JEUNES GENS ET JEUNES FILLES

CARTES D'ÉTUDE

Par E. SIEURIN

pour servir à l'Enseignement

DE L'HISTOIRE ET DE LA GÉOGRAPHIE

Classe de Sixième.... I. Orient et Grèce.
                 II. Géographie générale, Amérique, Australasie.
             18ᵉ édition conforme aux programmes de 1923.

Classe de Cinquième. I. Histoire Romaine.
                 II. Asie, Insulinde, Afrique.
             18ᵉ édition conforme aux programmes de 1923.

Classe de Quatrième. I. Moyen Age (476-1328).
                 II. France et Colonies.
             15ᵉ édition conforme aux programmes de 1923.

Classe de Troisième.. I. Époque contemporaine.
                 II. France et colonies.
             18ᵉ édition, entièrement refondue.

Classe de Seconde.... I. Histoire ancienne (Orient et Grèce) et Histoire moderne (jusqu'en 1715).
                 II. Géographie générale.
             6ᵉ édition, entièrement refondue.

Classe de Première.. I. Histoire ancienne (Rome) et Histoire moderne (1715-1815).
                 II. France et colonies.
             16ᵉ édition, entièrement refondue.

CARTES D'ÉTUDE

pour servir à l'Enseignement de la Géographie

ATLAS COMPLET : LES CINQ PARTIES DU MONDE

Nouvelle édition, 1 vol. in-4, relié.

MOYEN AGE

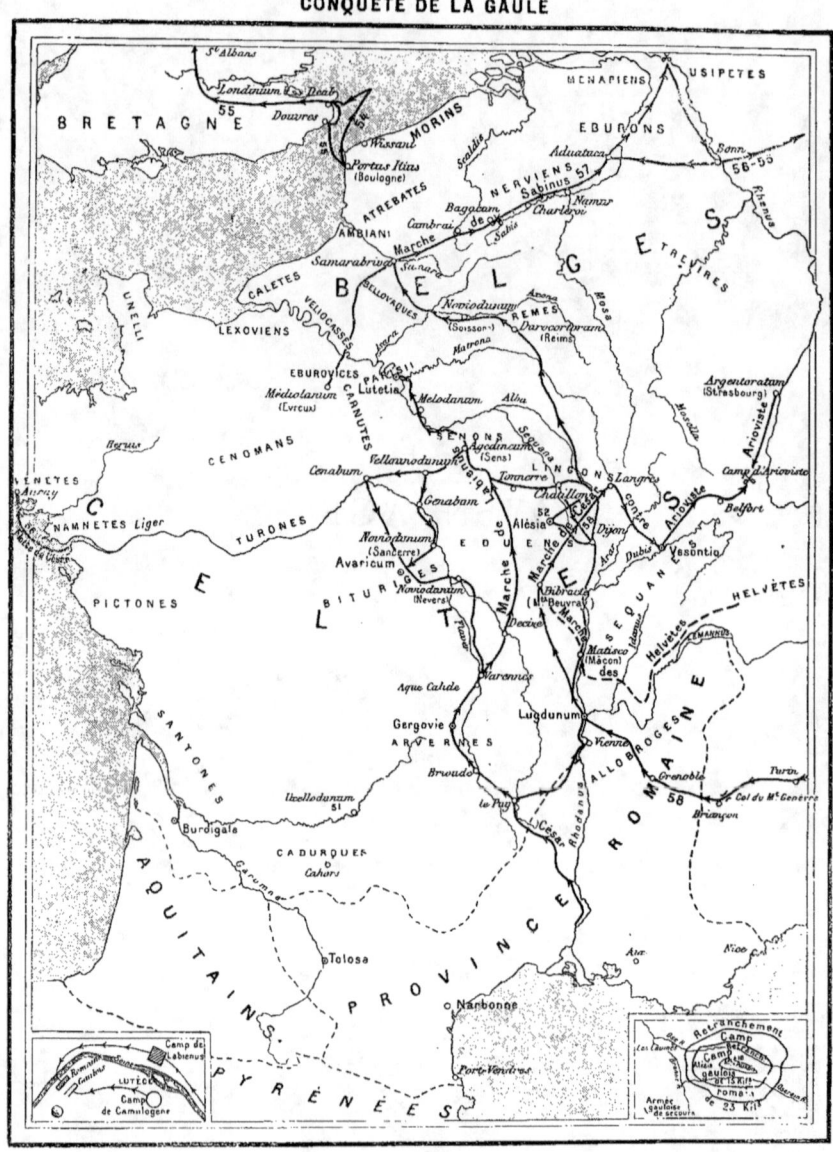

LA GAULE ROMAINE ET LA GAULE MEROVINGIENNE

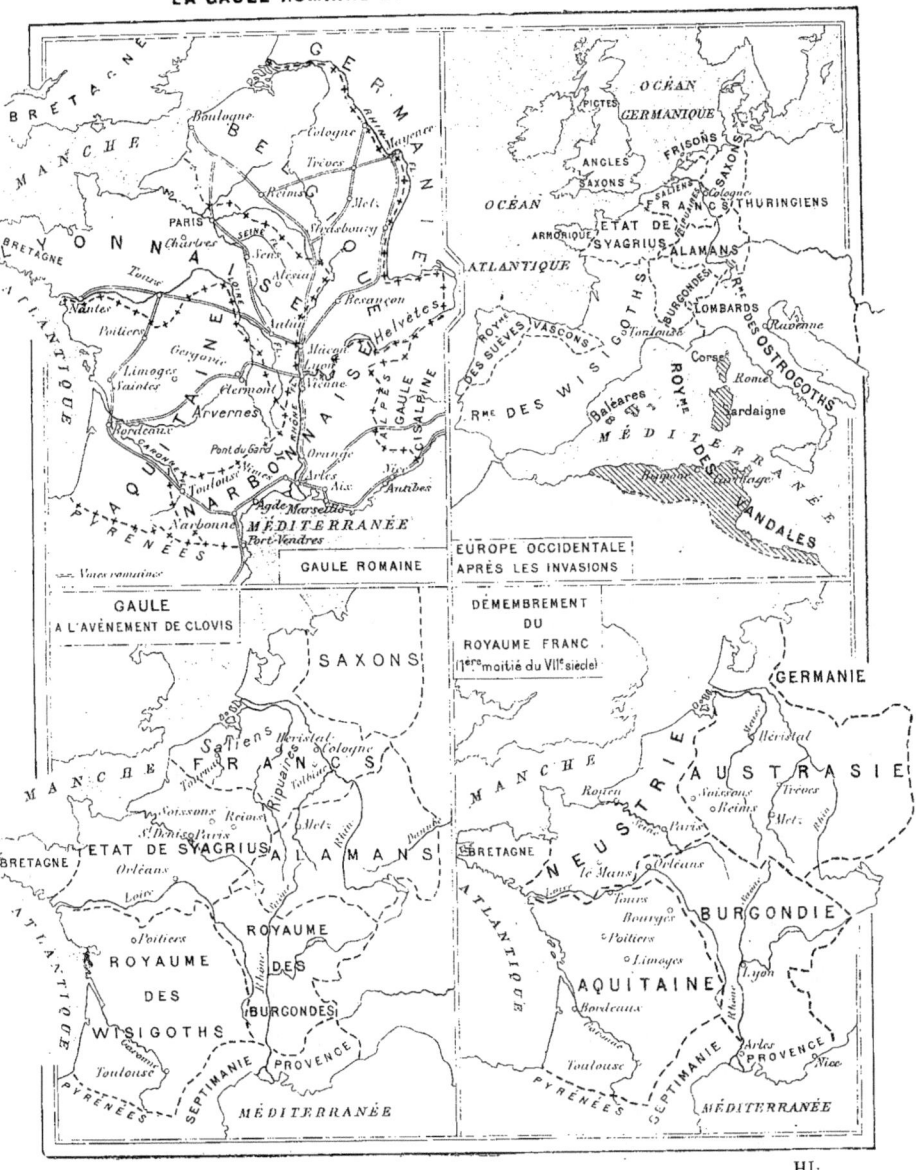

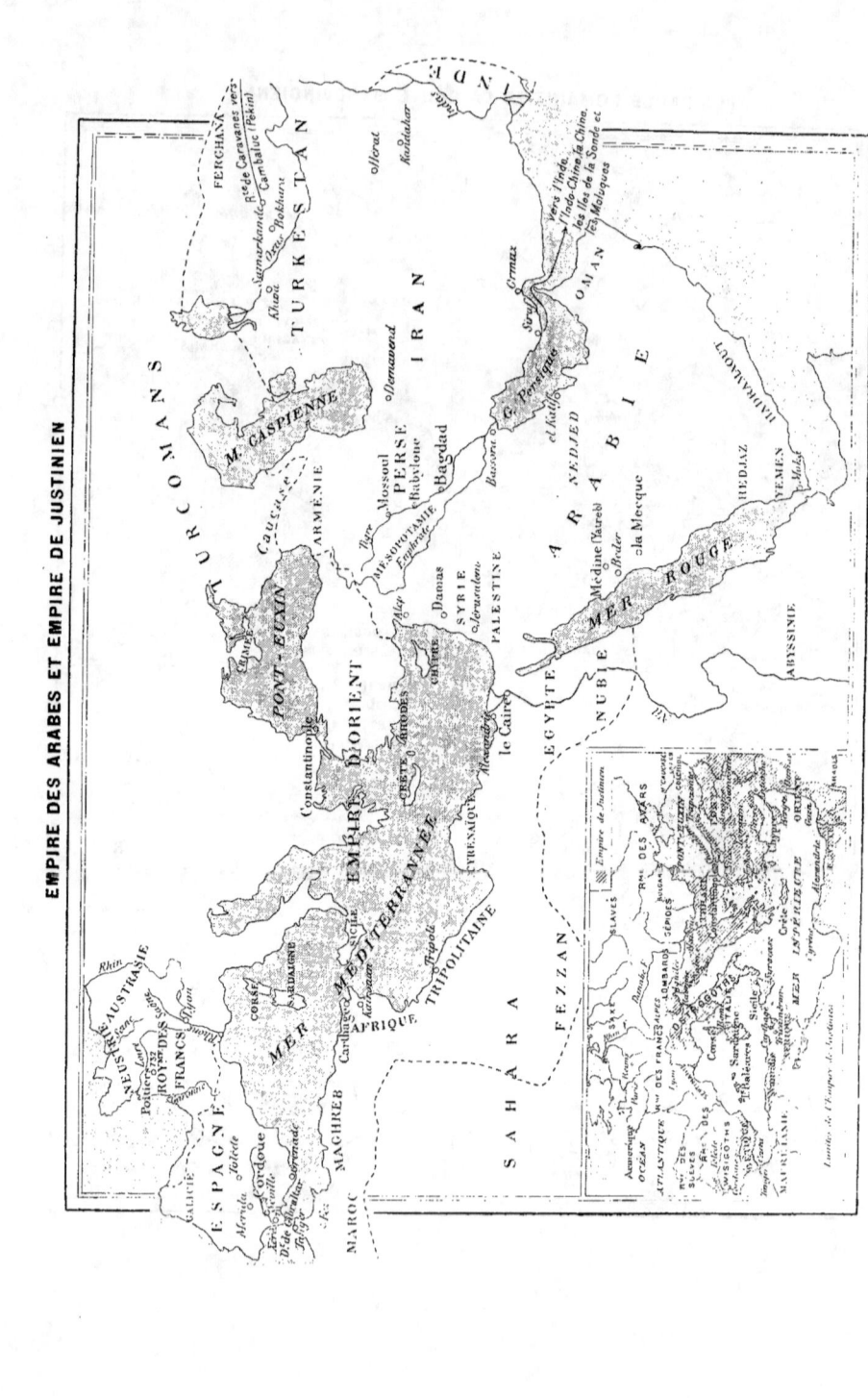

EMPIRE DES ARABES ET EMPIRE DE JUSTINIEN

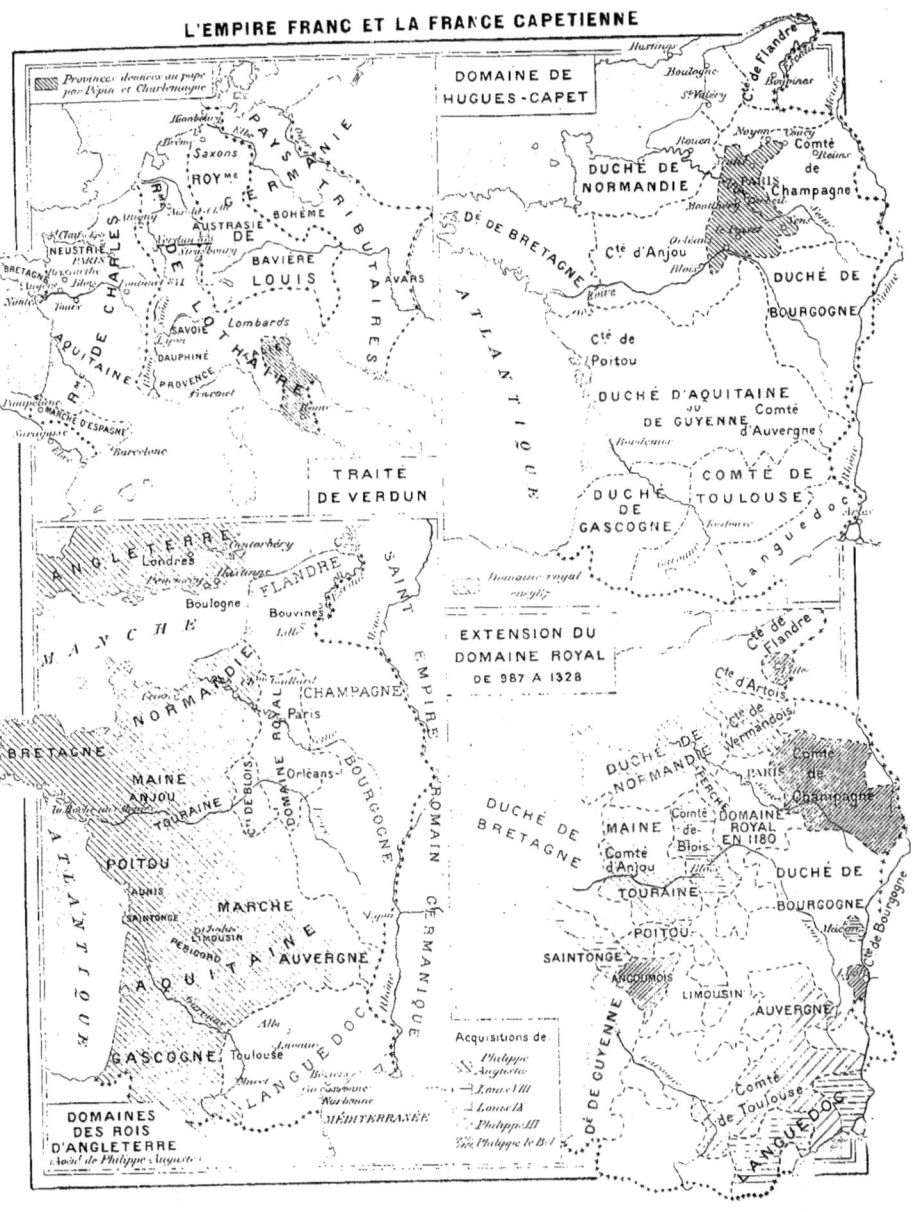

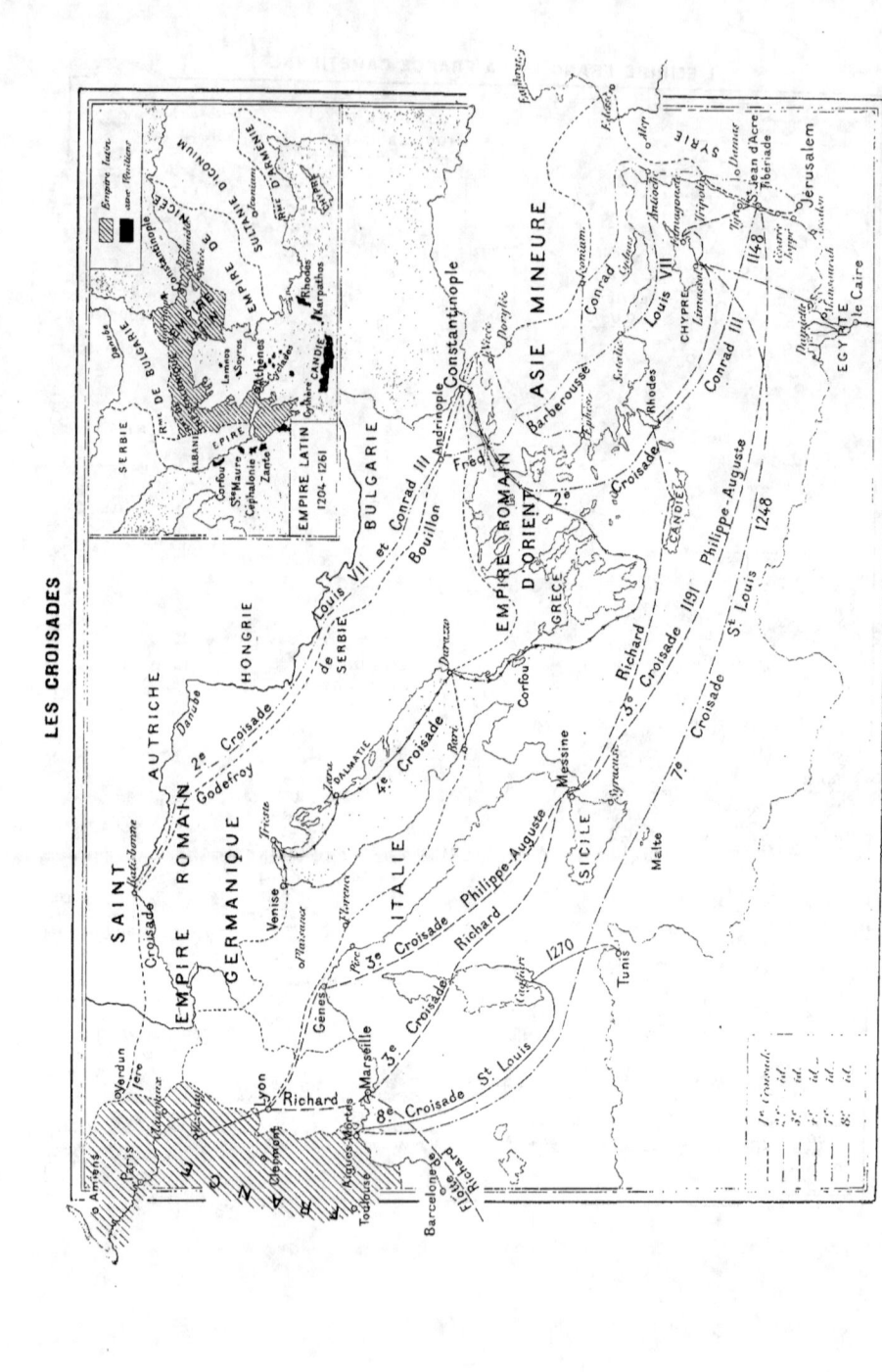

LA GUERRE DE CENT ANS

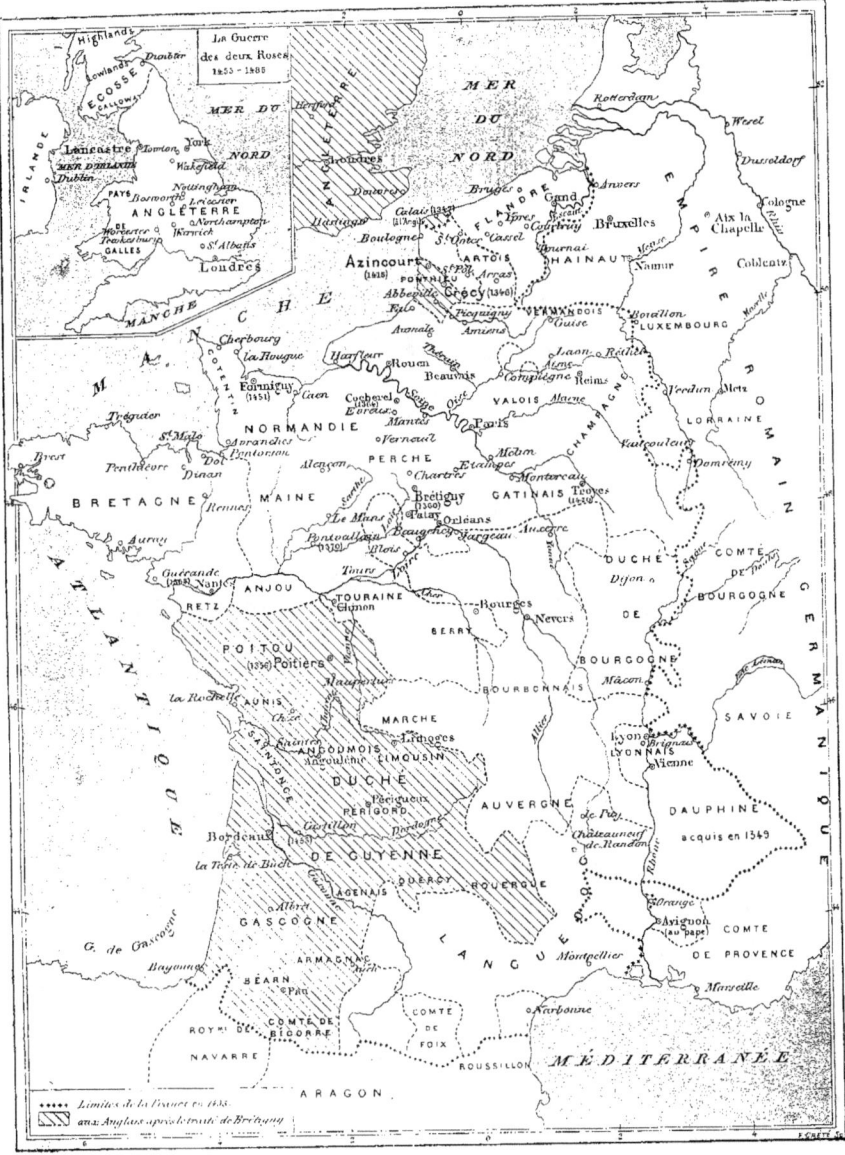

FRANCE DANS LA SECONDE MOITIÉ DU XVᵉ SIÈCLE

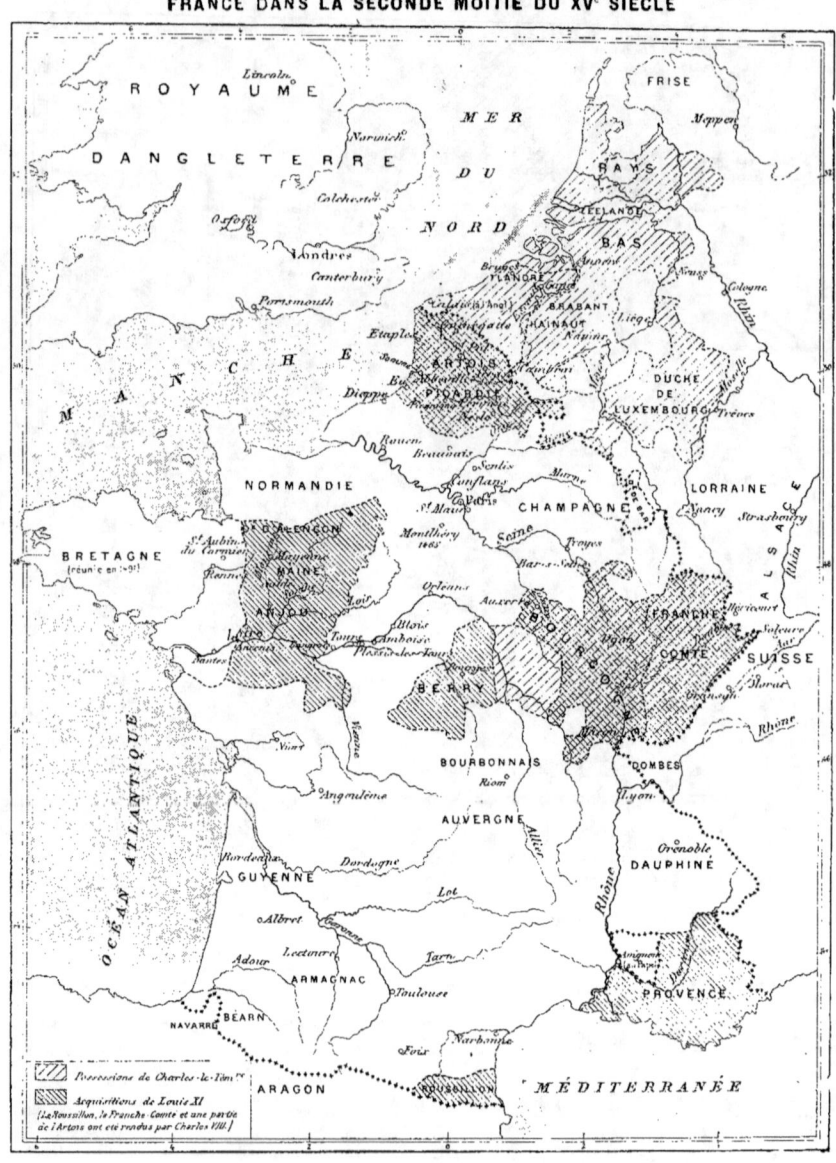

LA FRANCE

France X
Classe de quatrième II.

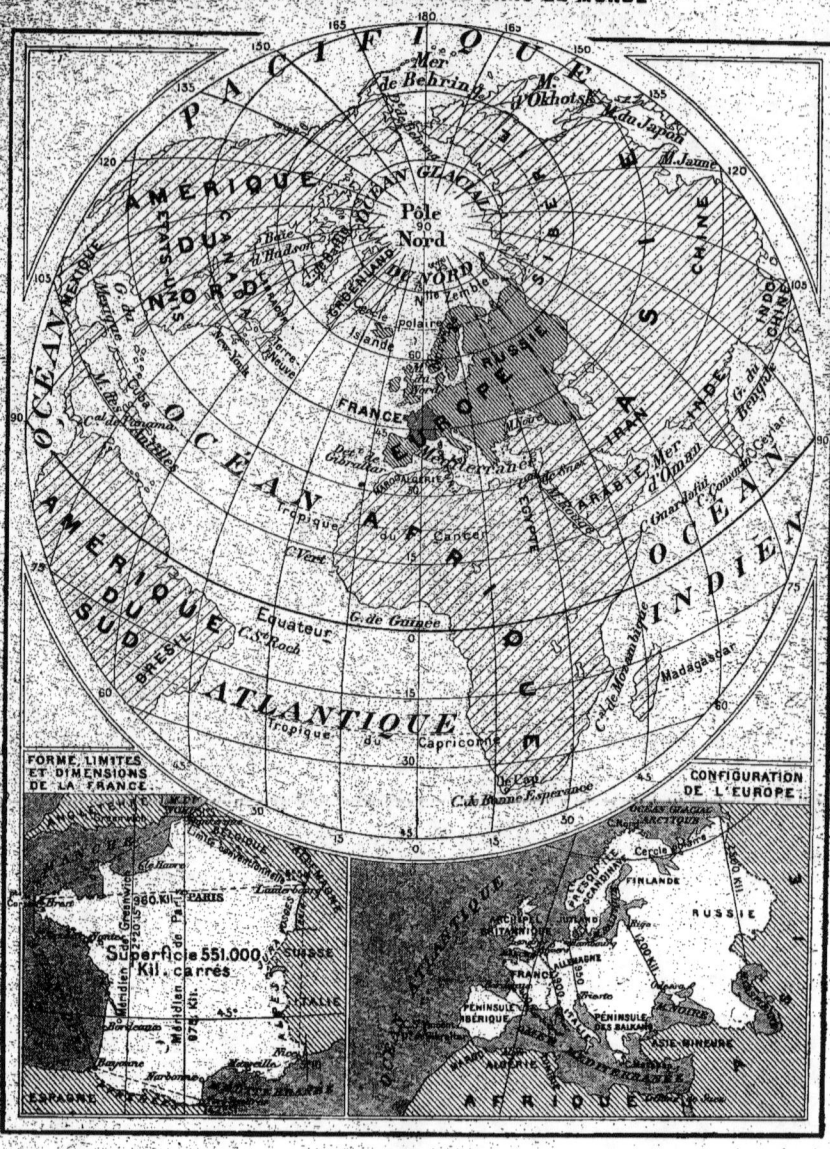

FRANCE GÉOLOGIQUE

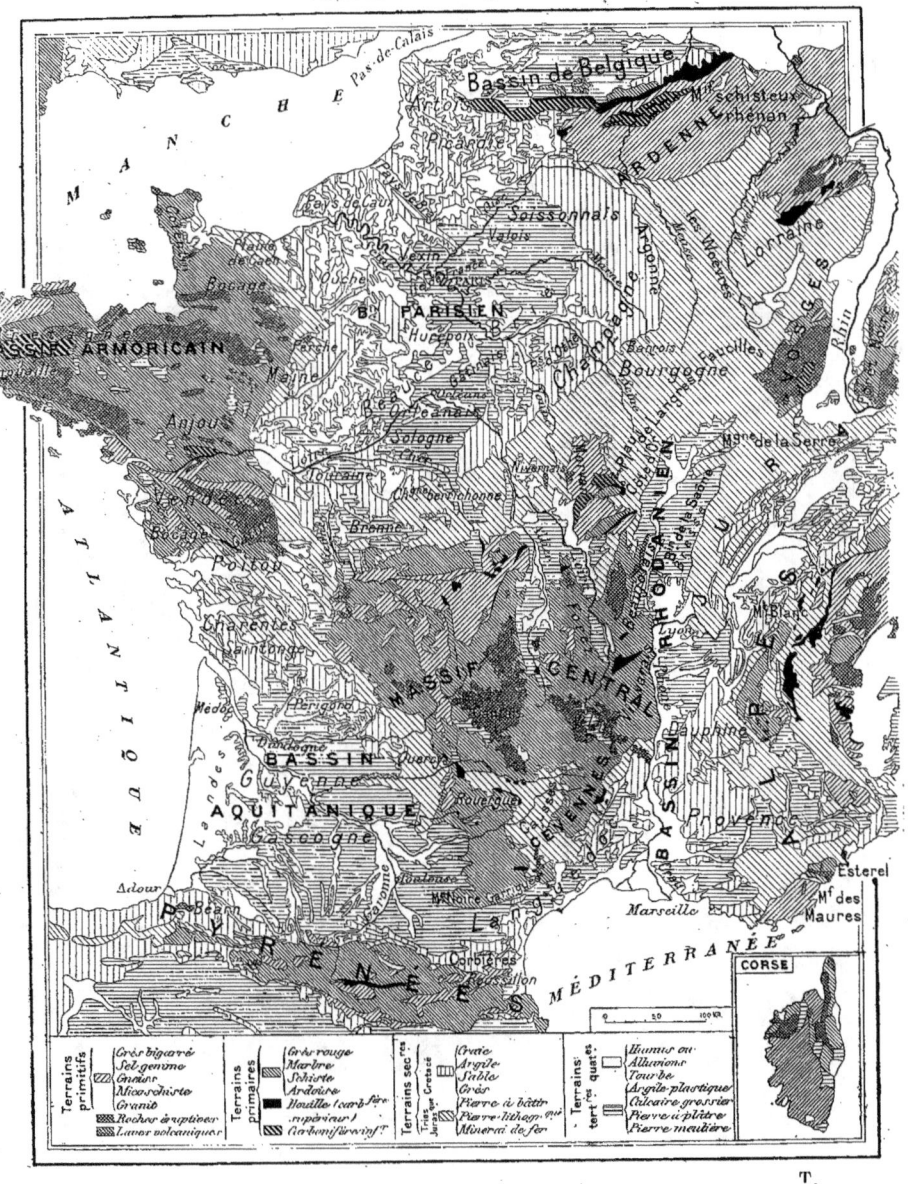

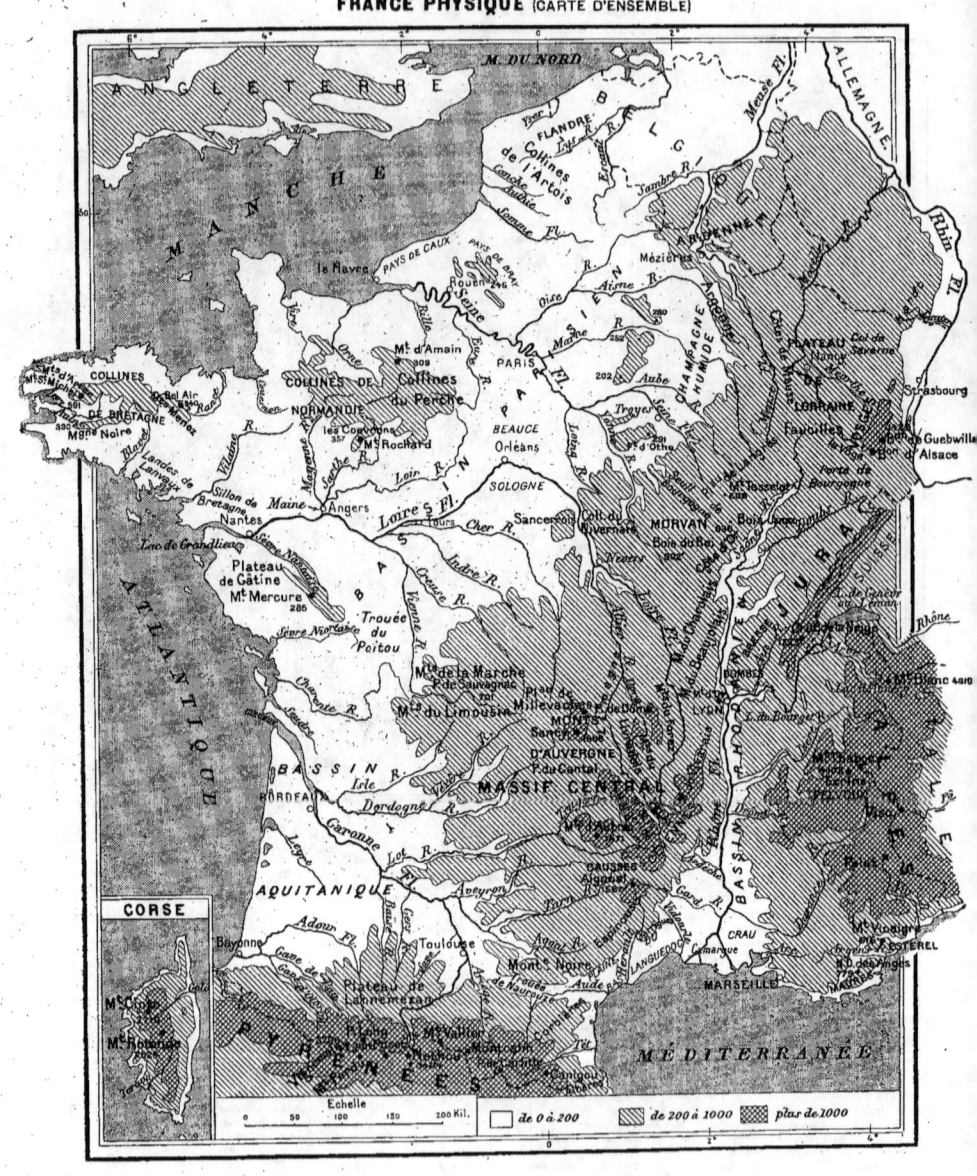

FRANCE PHYSIQUE (CARTE D'ENSEMBLE)

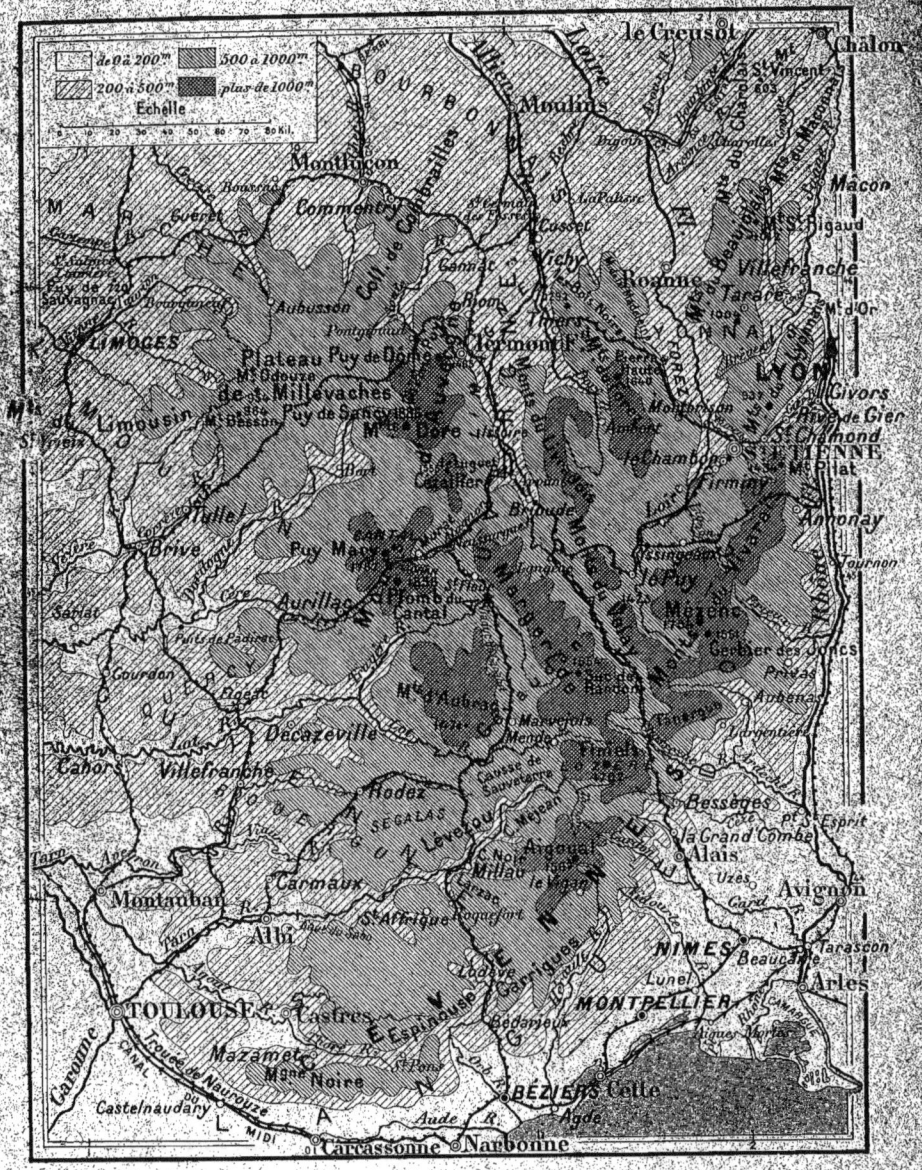

ALPES

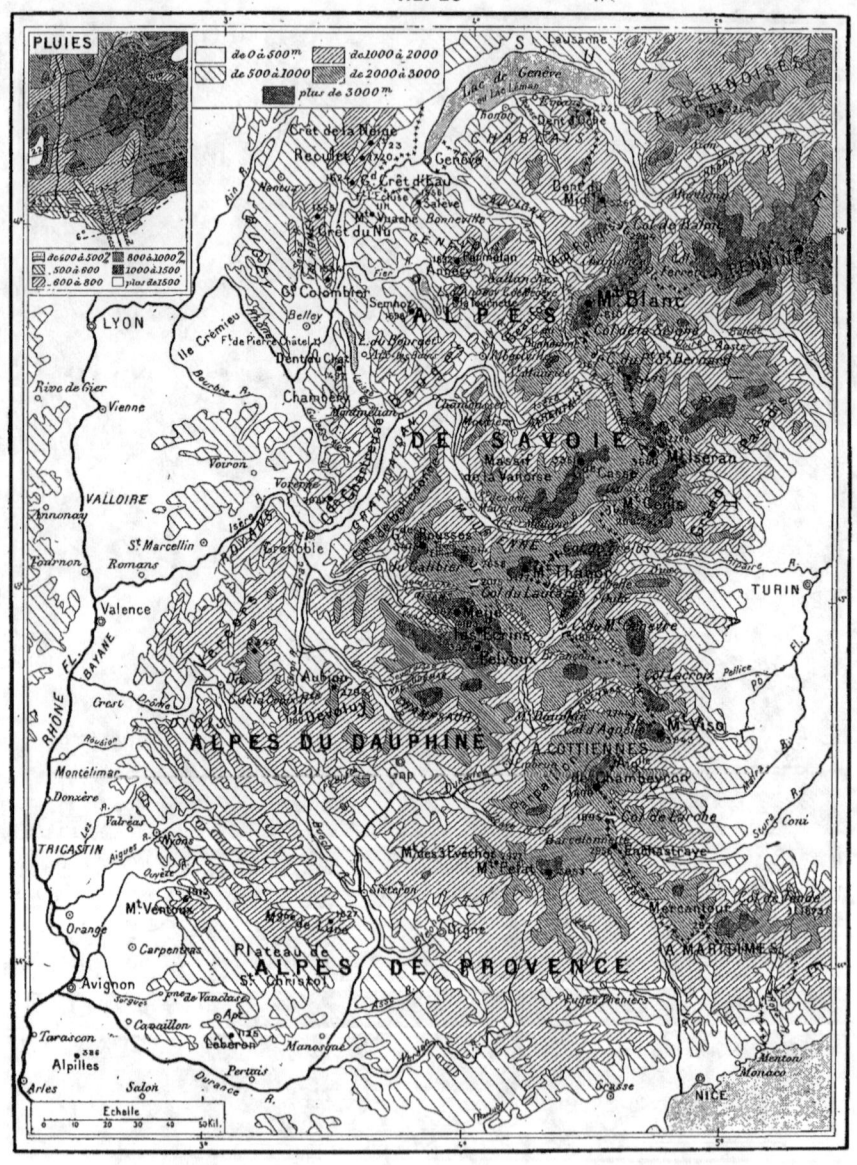

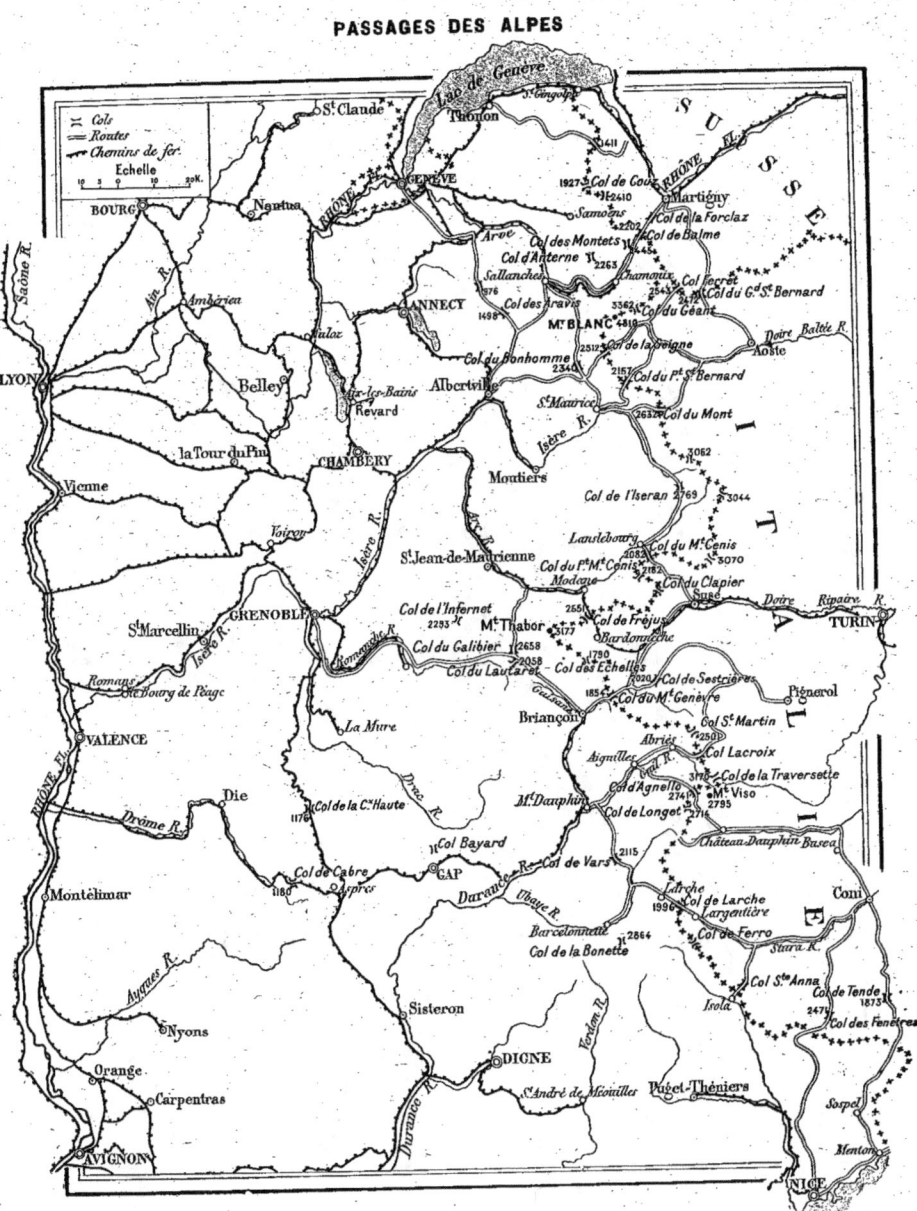

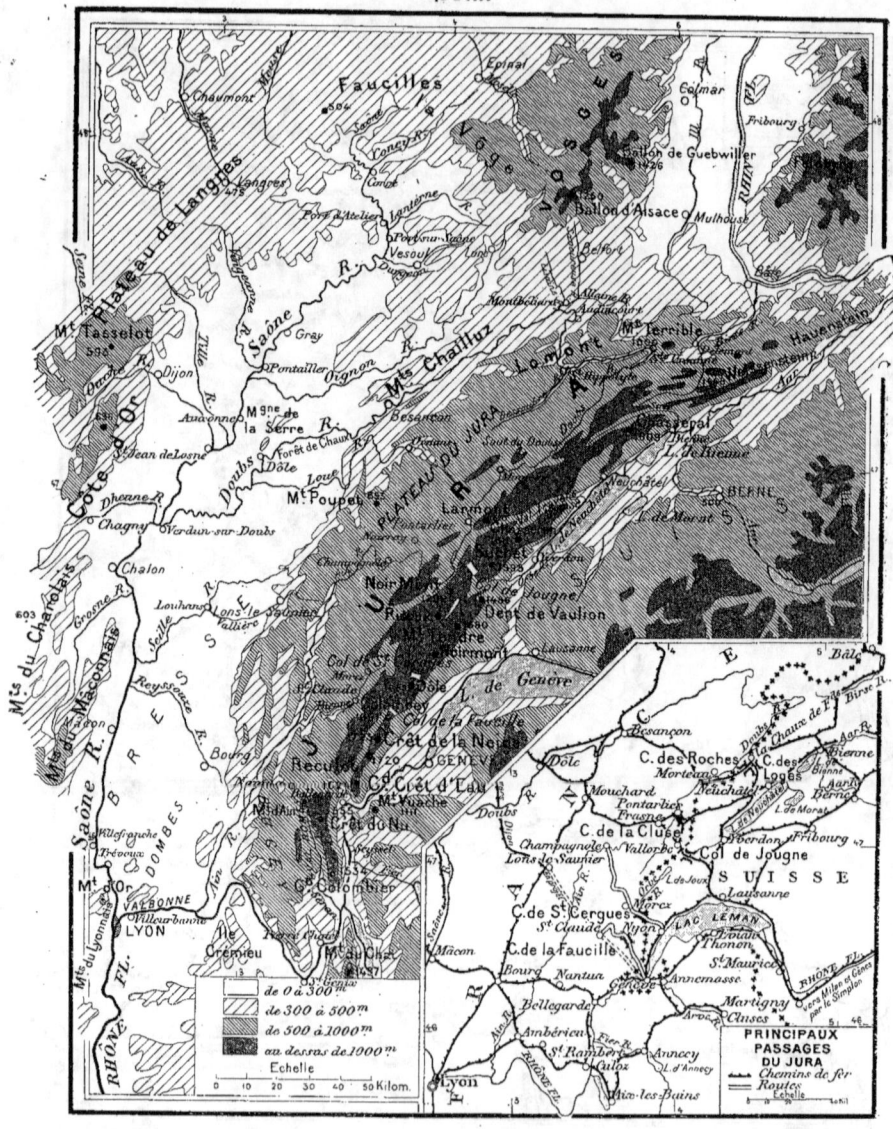

VOSGES

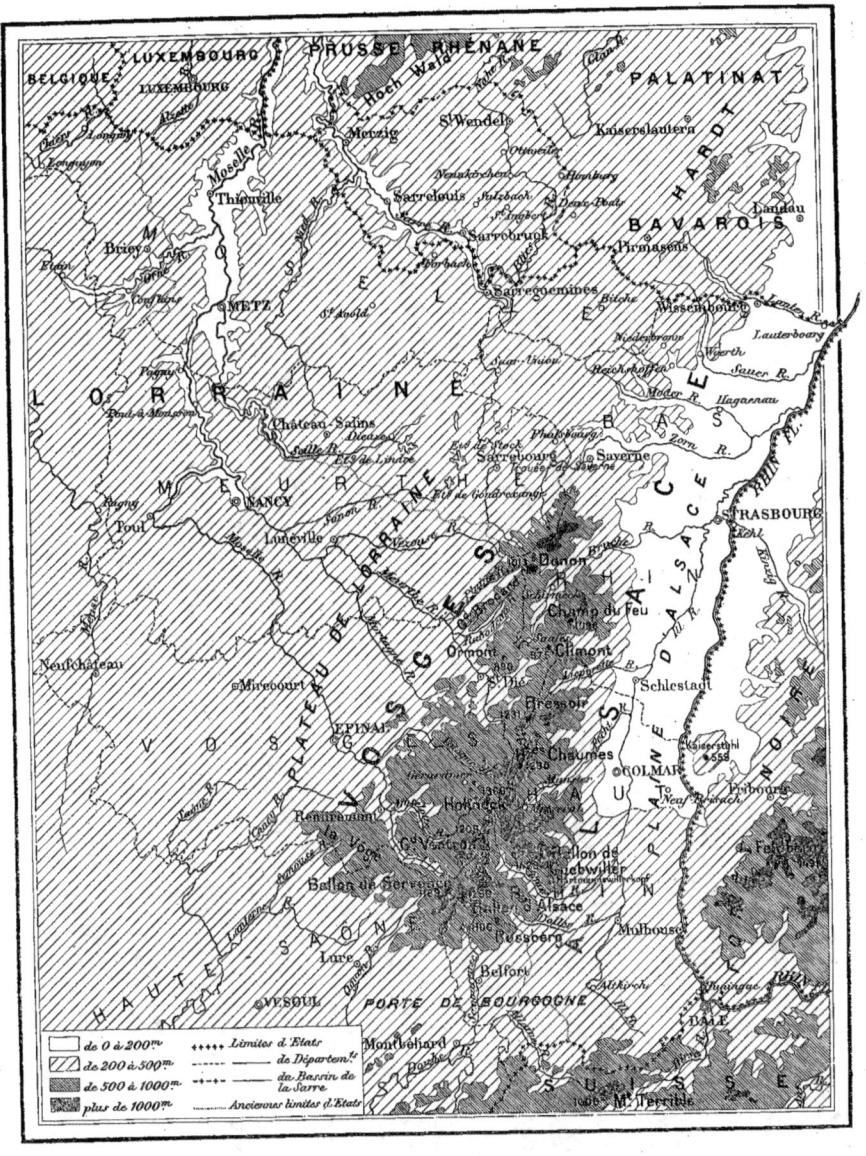

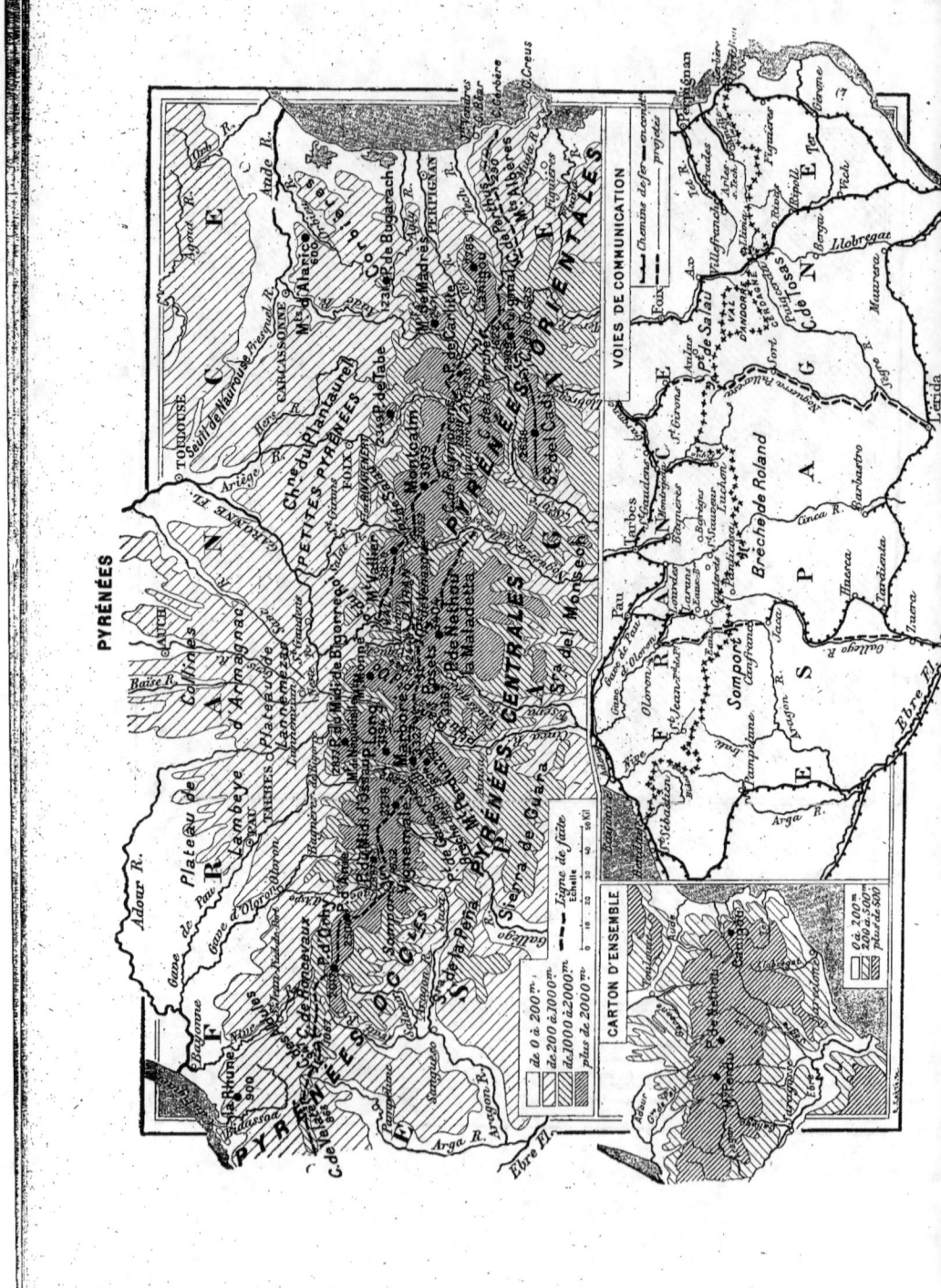

LE CLIMAT

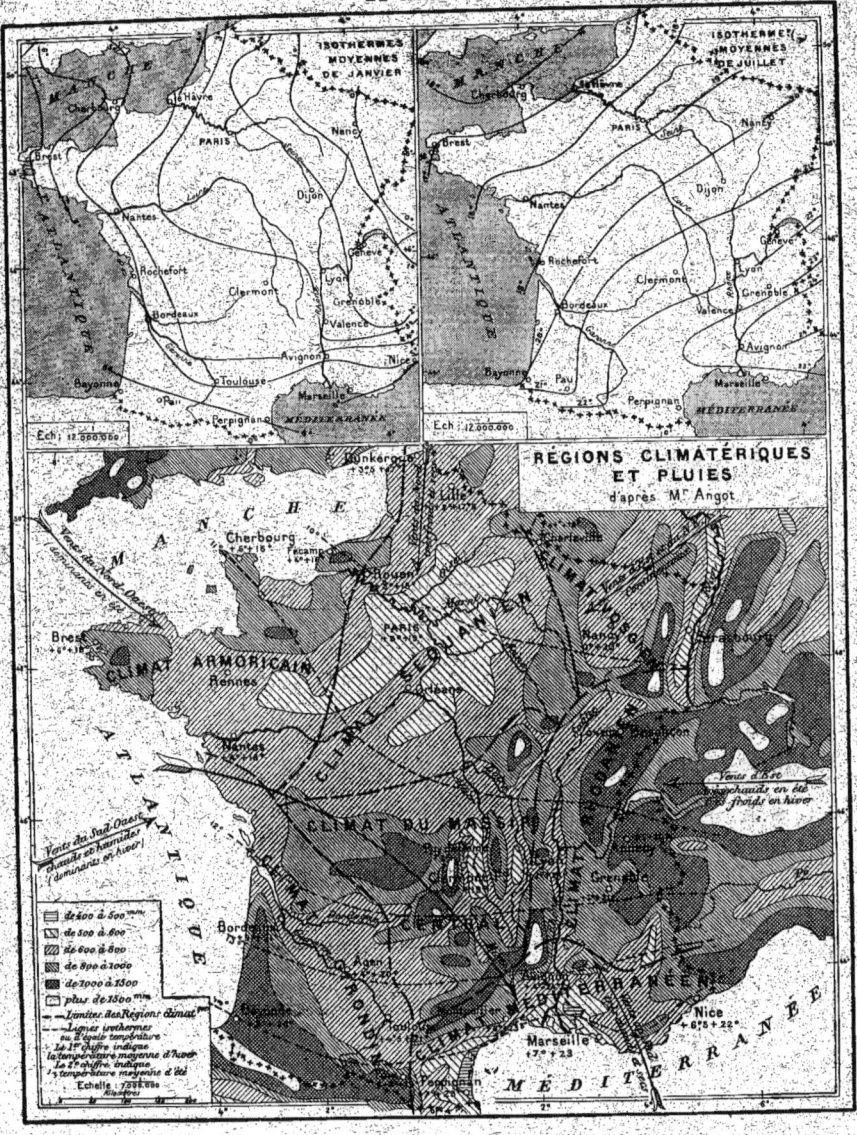

LA SEINE

LA LOIRE

LA GARONNE

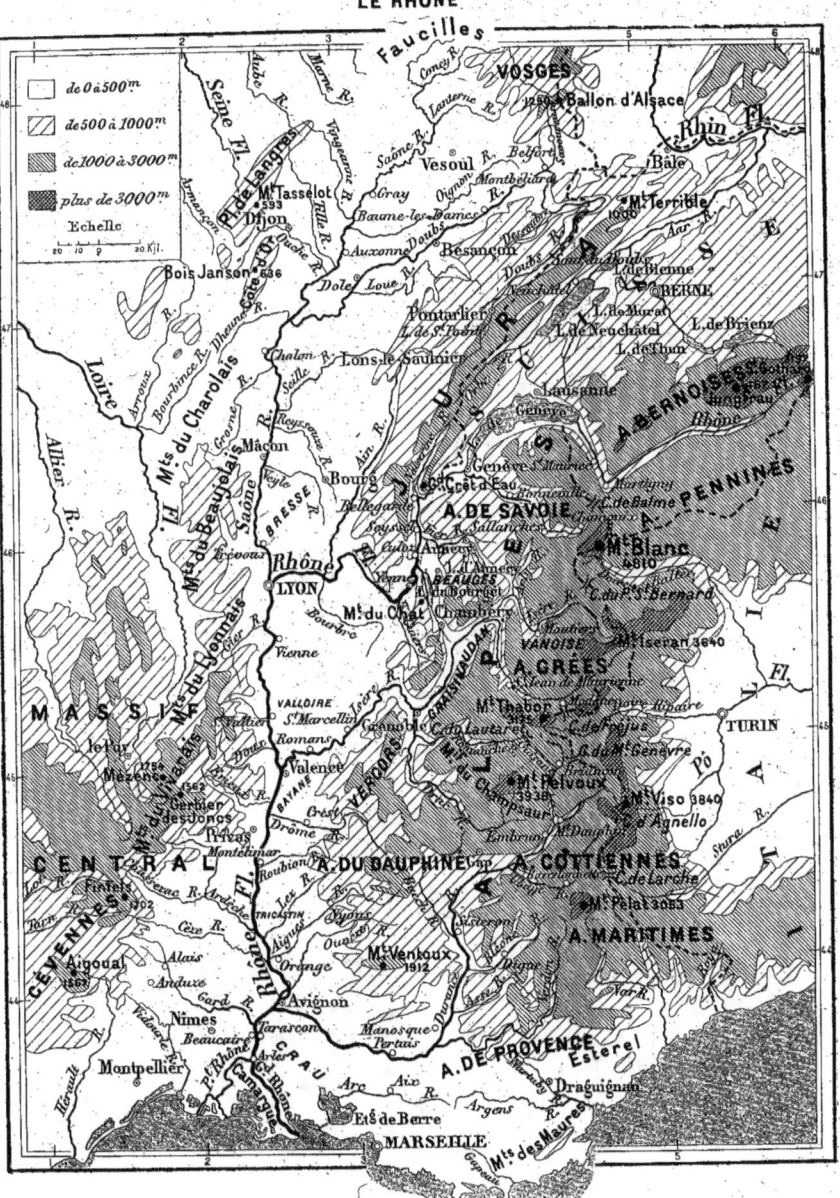

CÔTE FRANÇAISE DE LA MANCHE

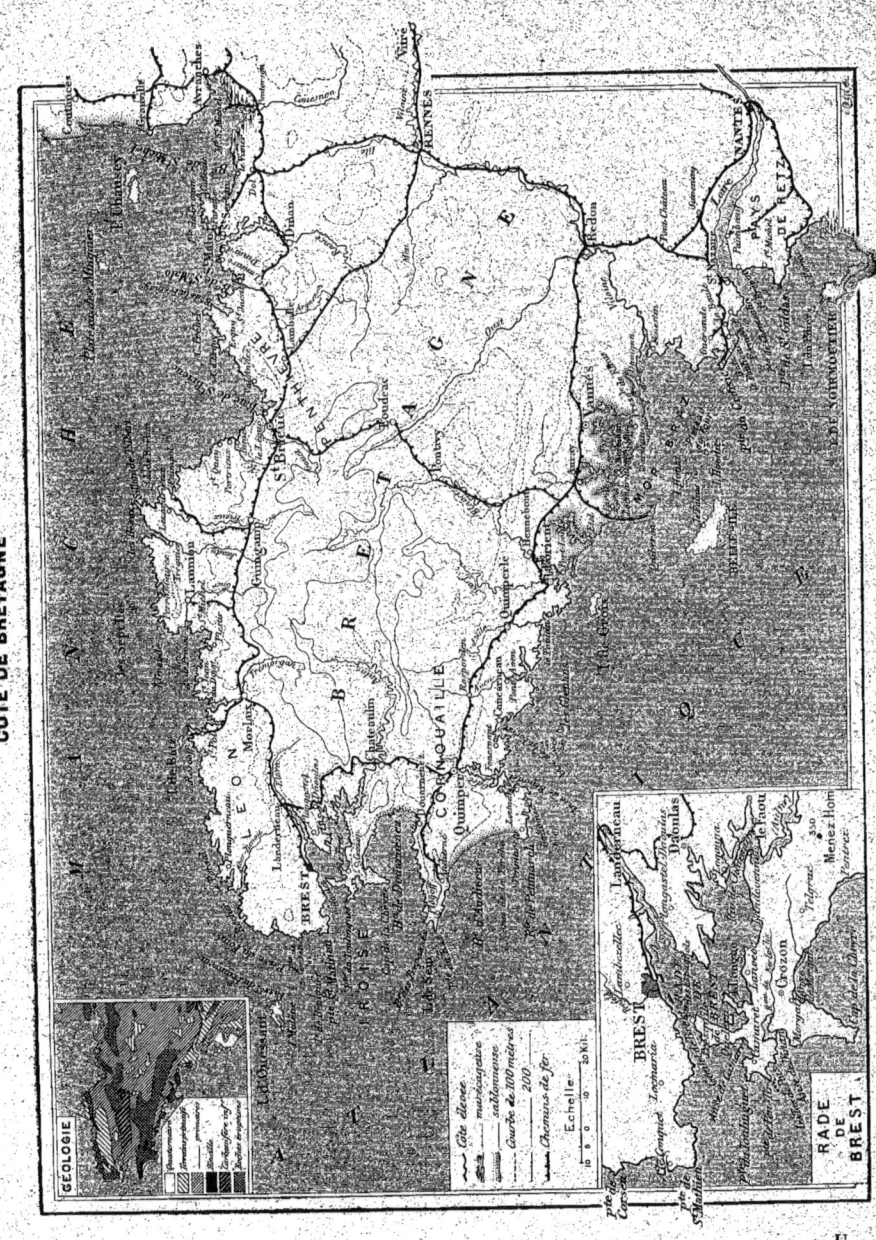

CÔTE FRANÇAISE DE LA LOIRE A L'ESPAGNE

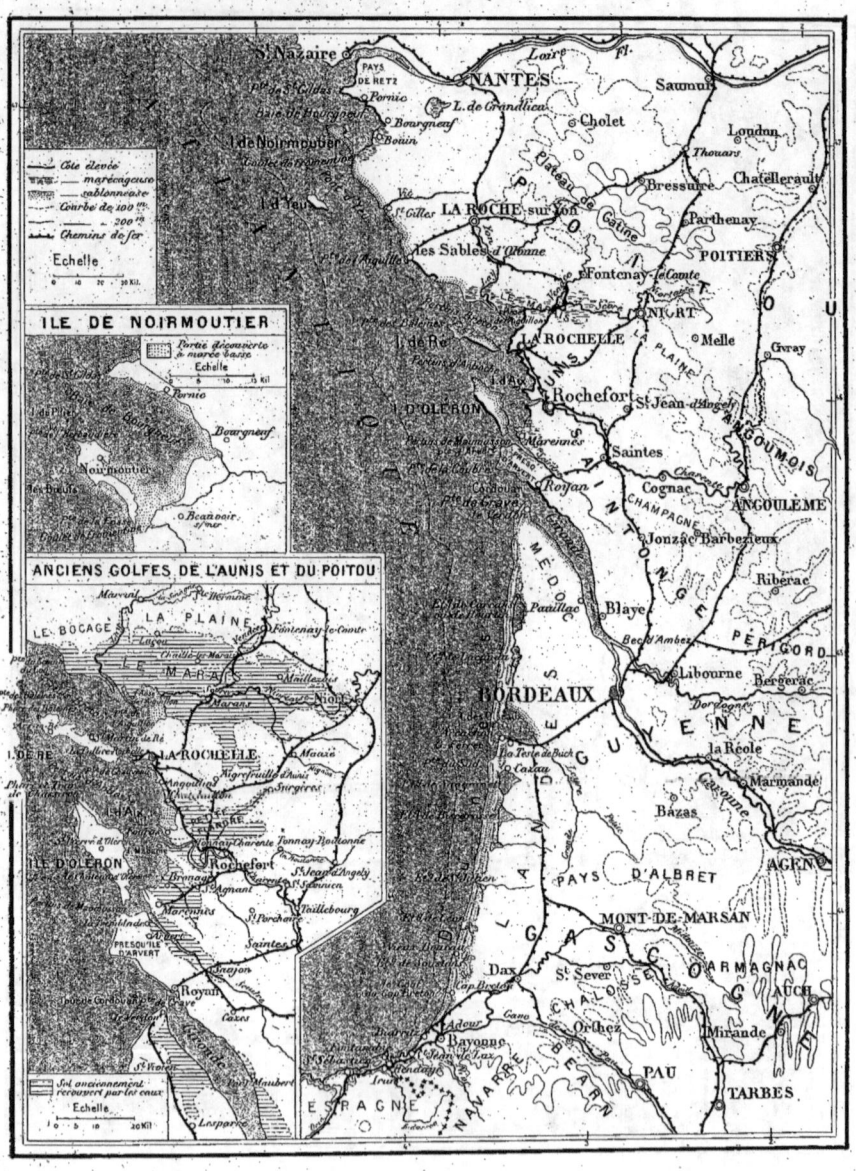

CÔTE FRANÇAISE DE LA MÉDITERRANÉE

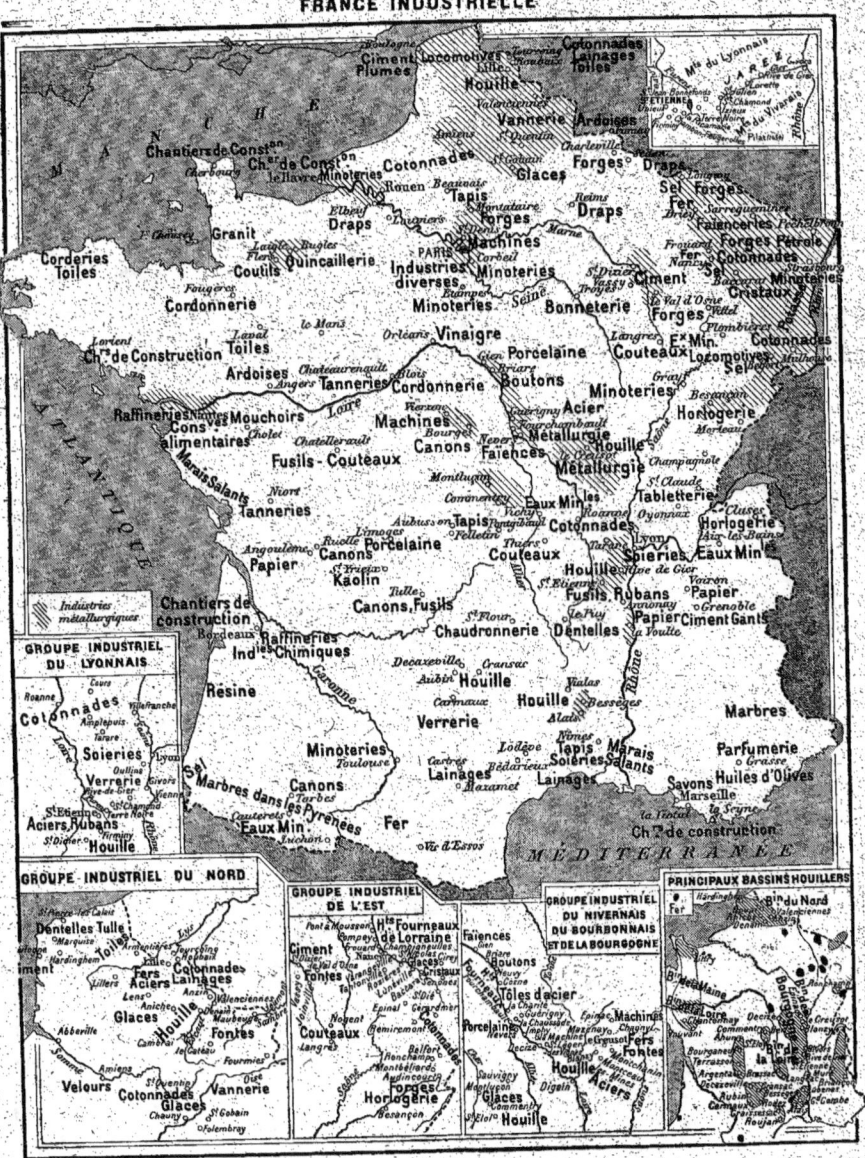

CHEMINS DE FER

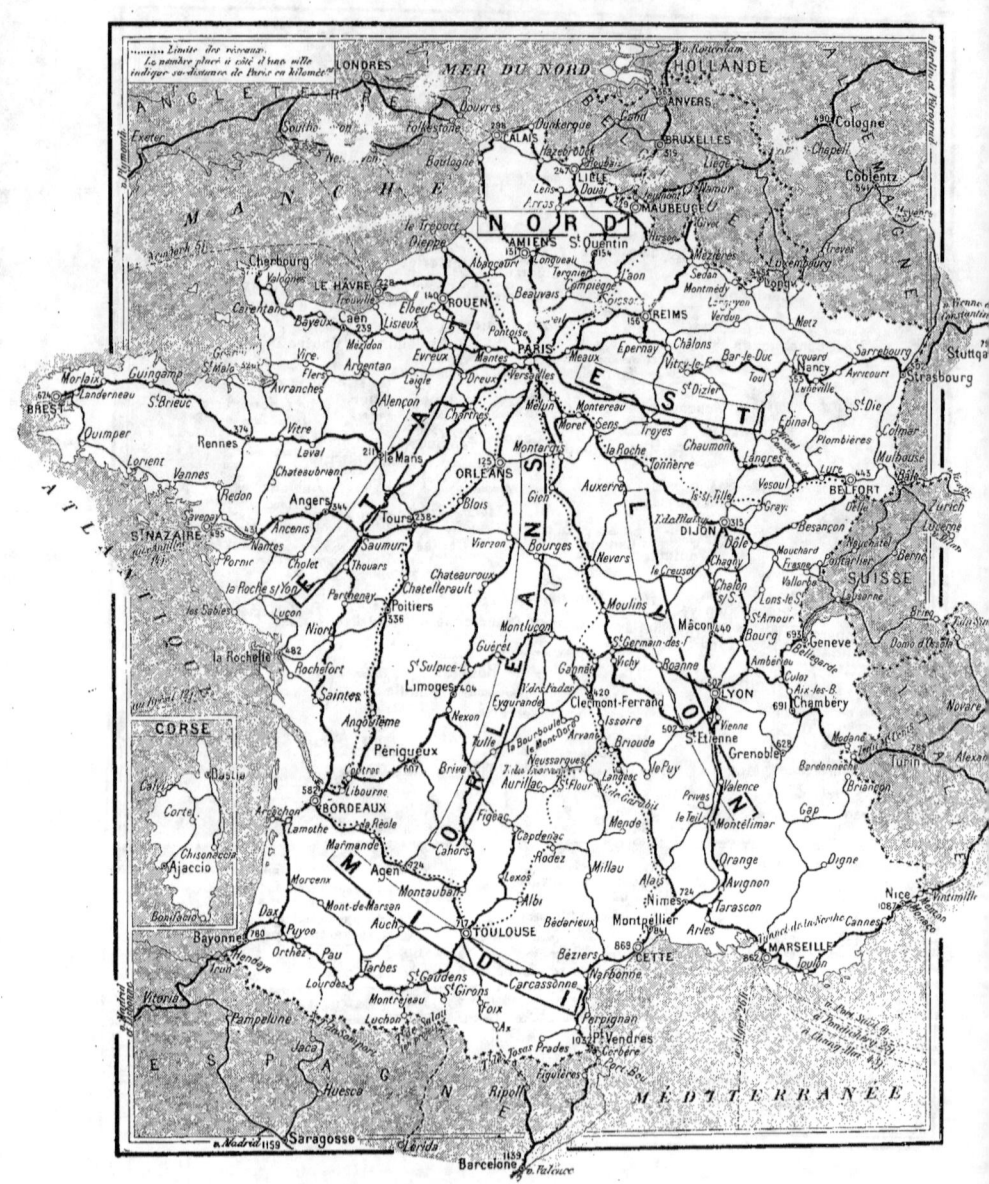

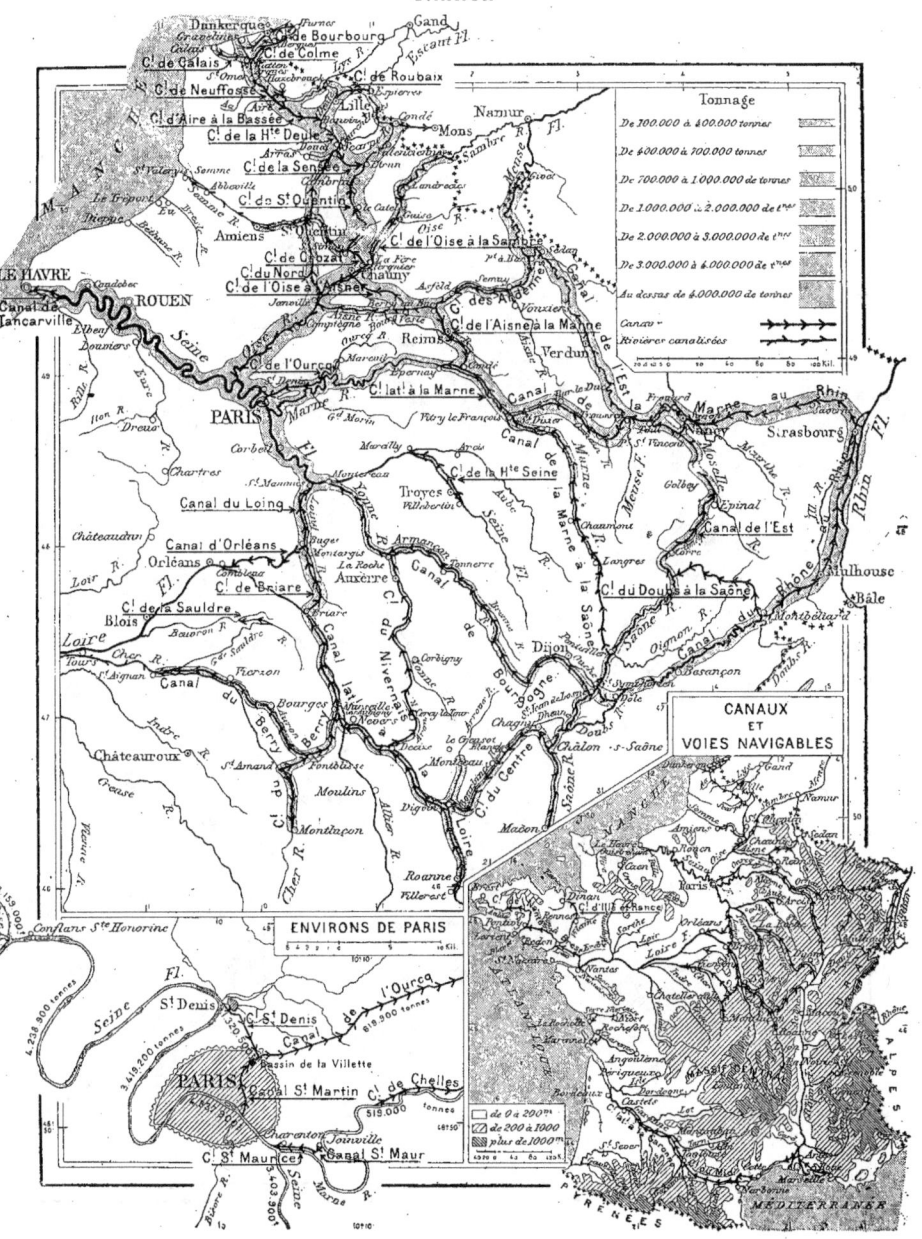

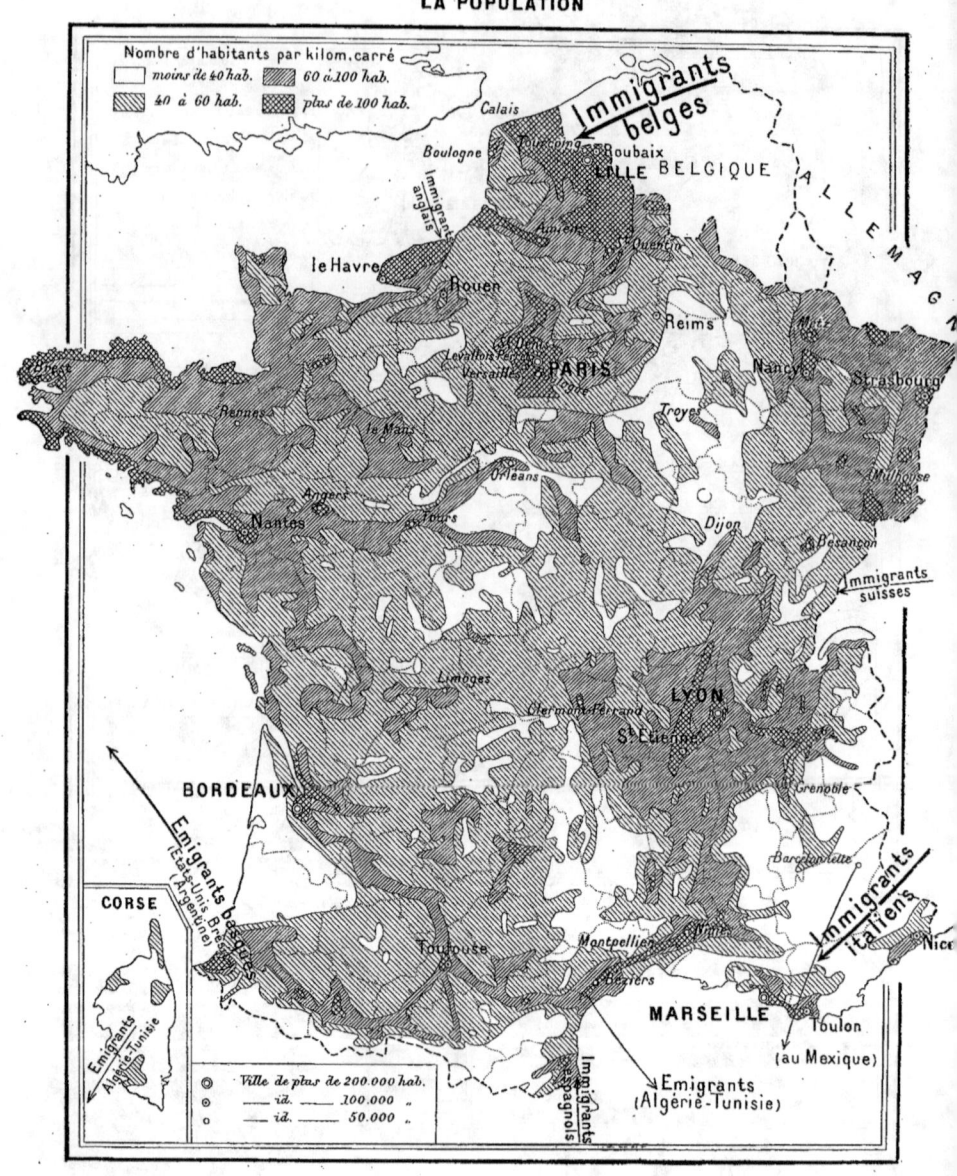

LES DÉPARTEMENTS

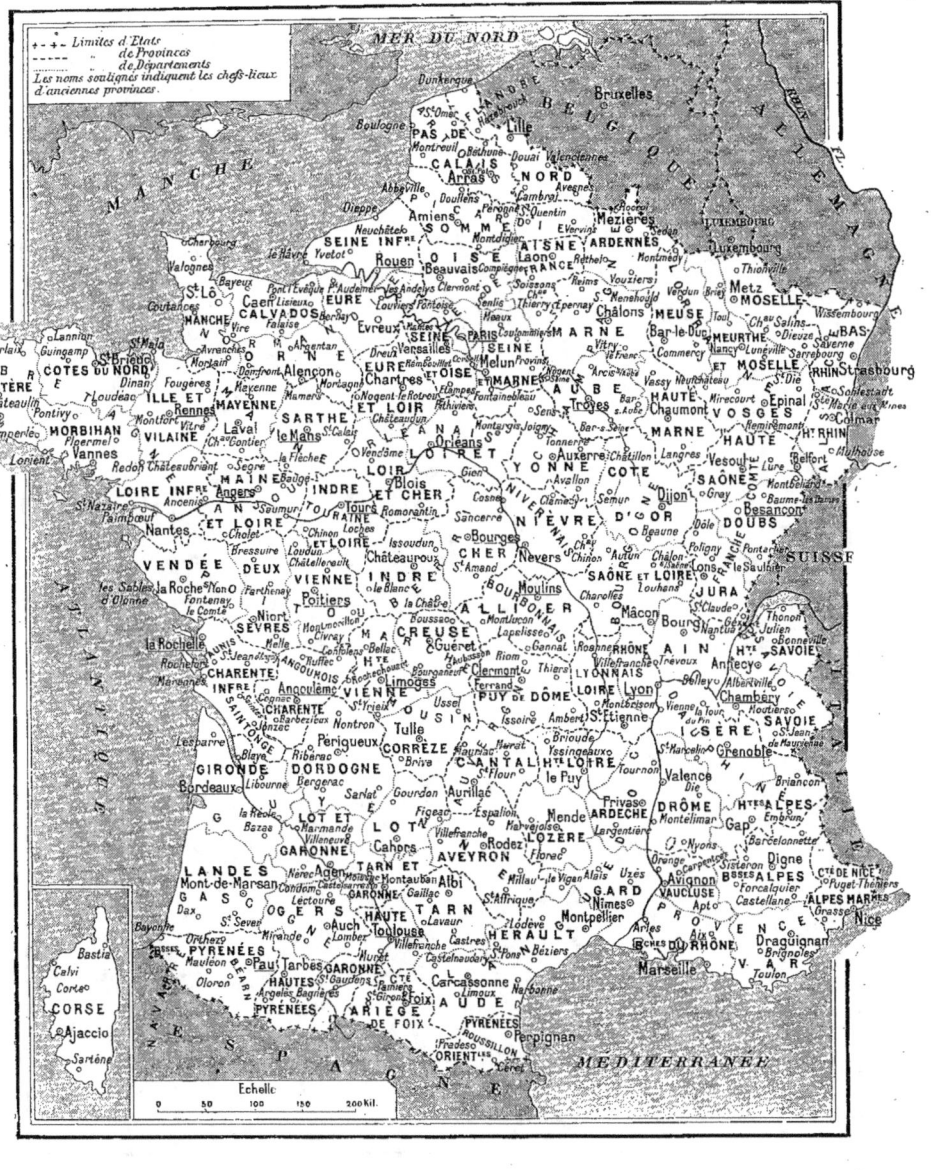

LA FRANCE DU NORD

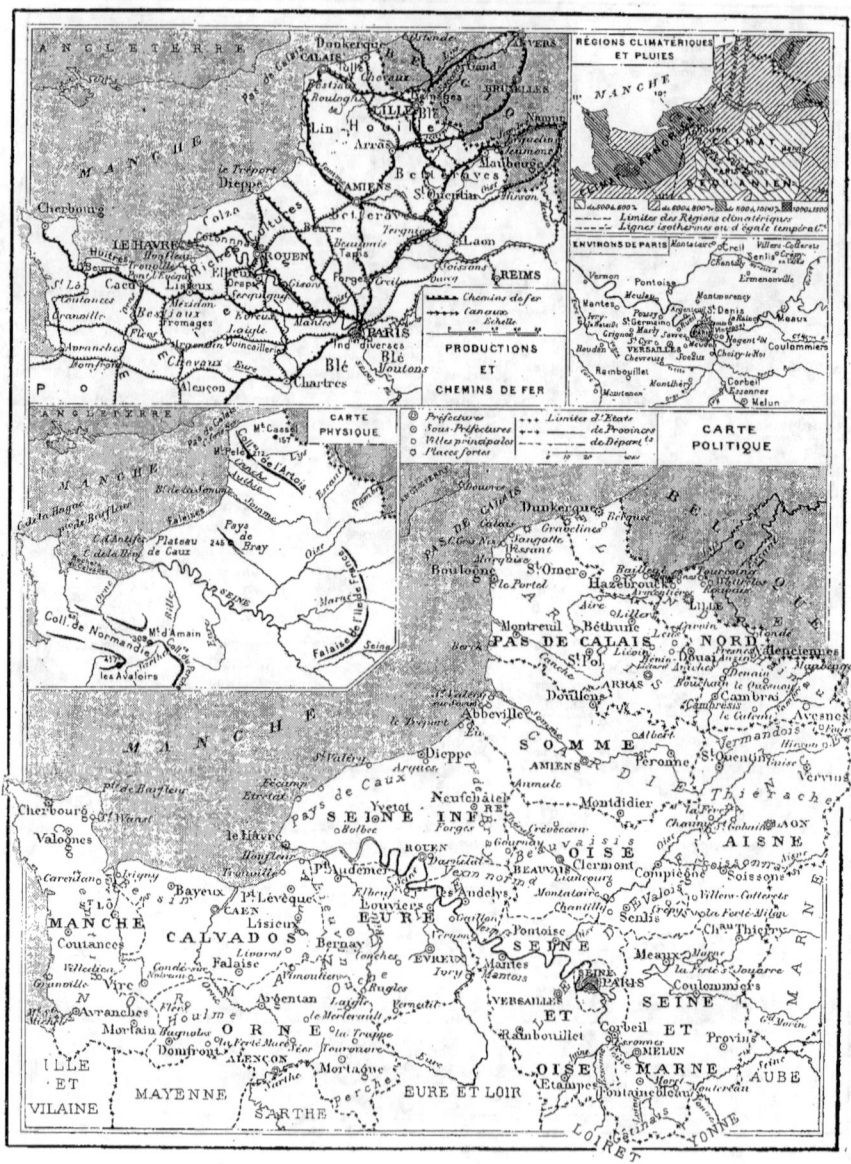

LA FRANCE DE L'OUEST

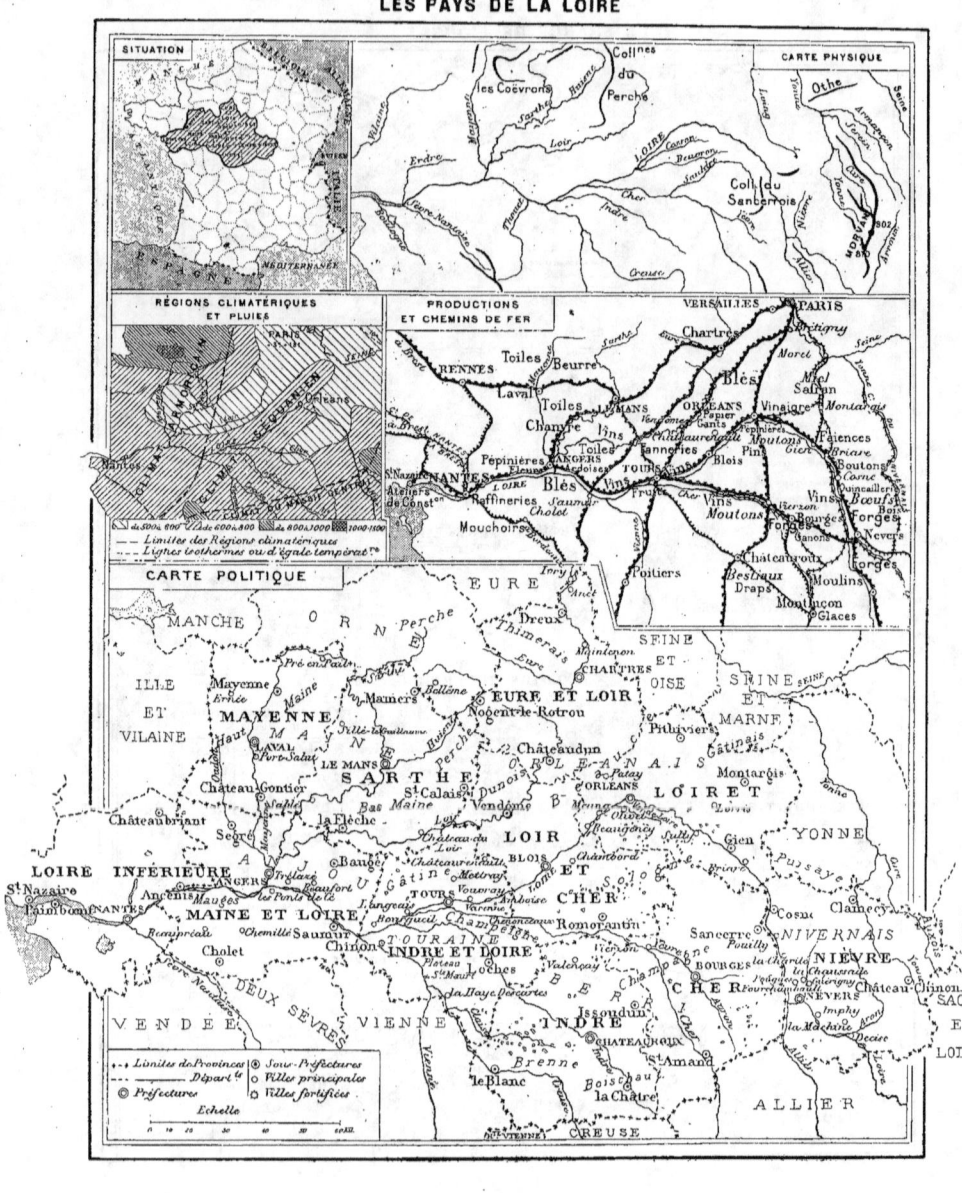

LES PAYS DE LA LOIRE

LE MASSIF CENTRAL

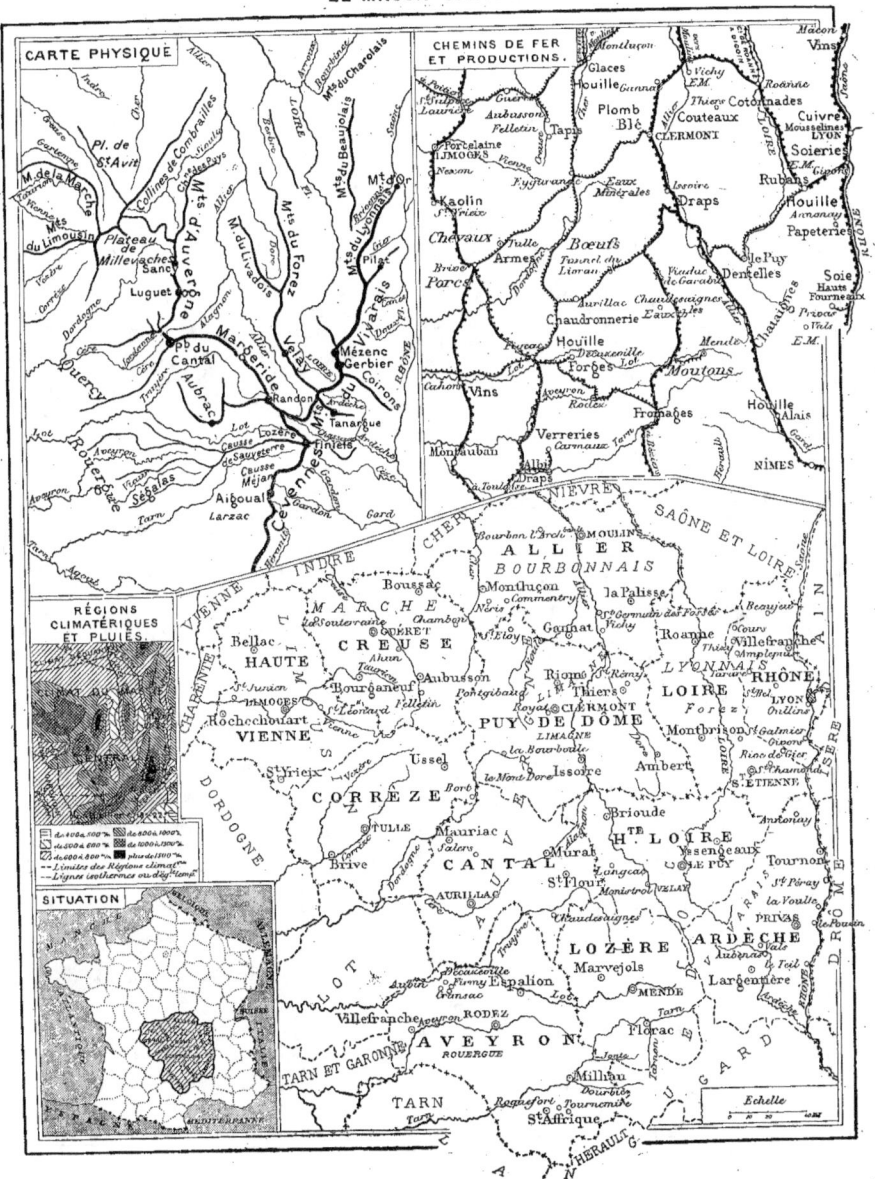

LA FRANCE DU SUD-OUEST

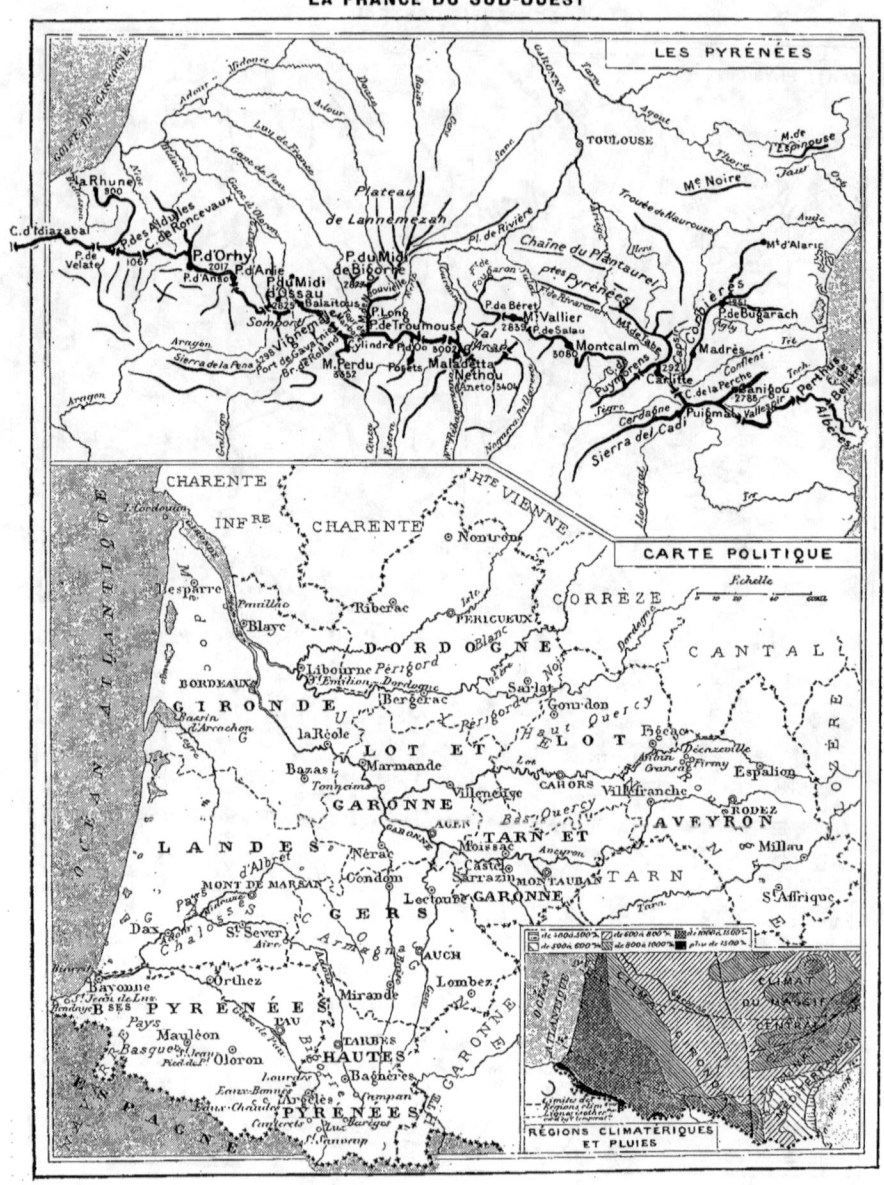

LA FRANCE DU SUD

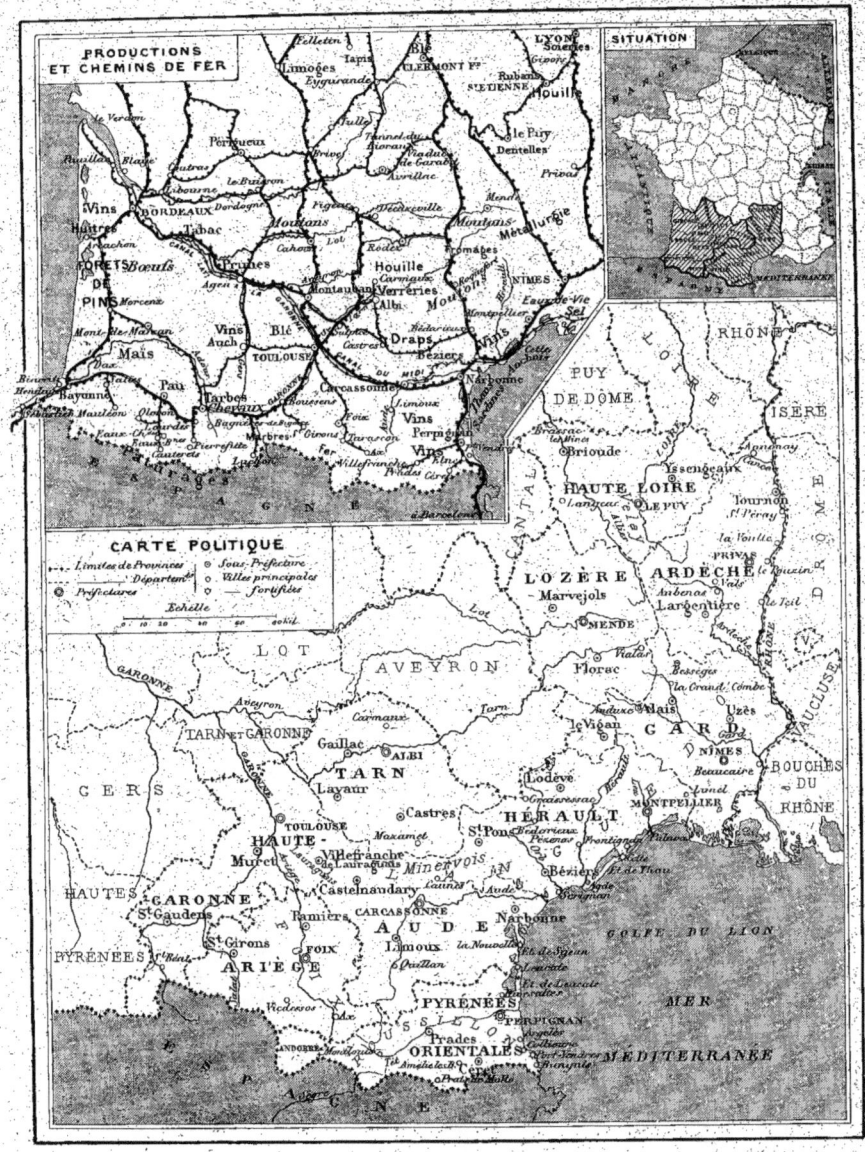

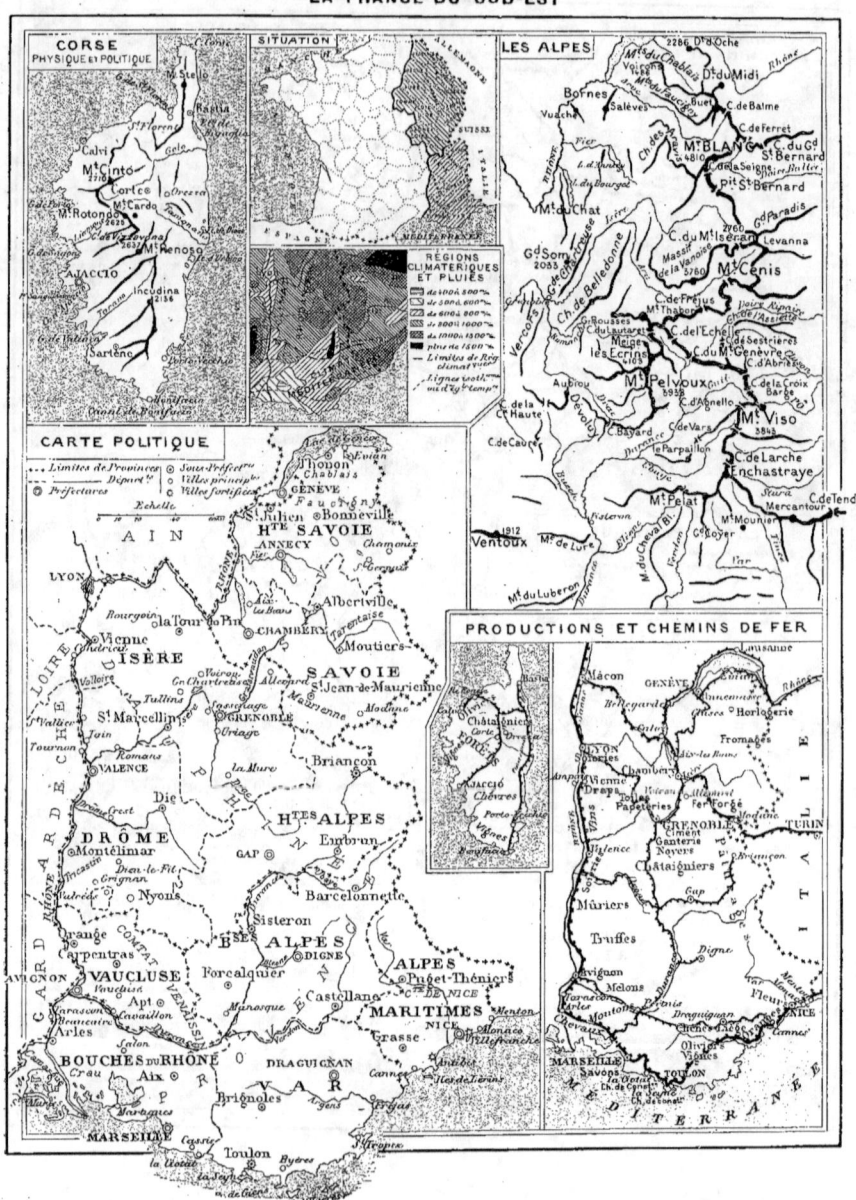

LA FRANCE DU SUD-EST

LA FRANCE DU NORD-EST ET DE L'EST

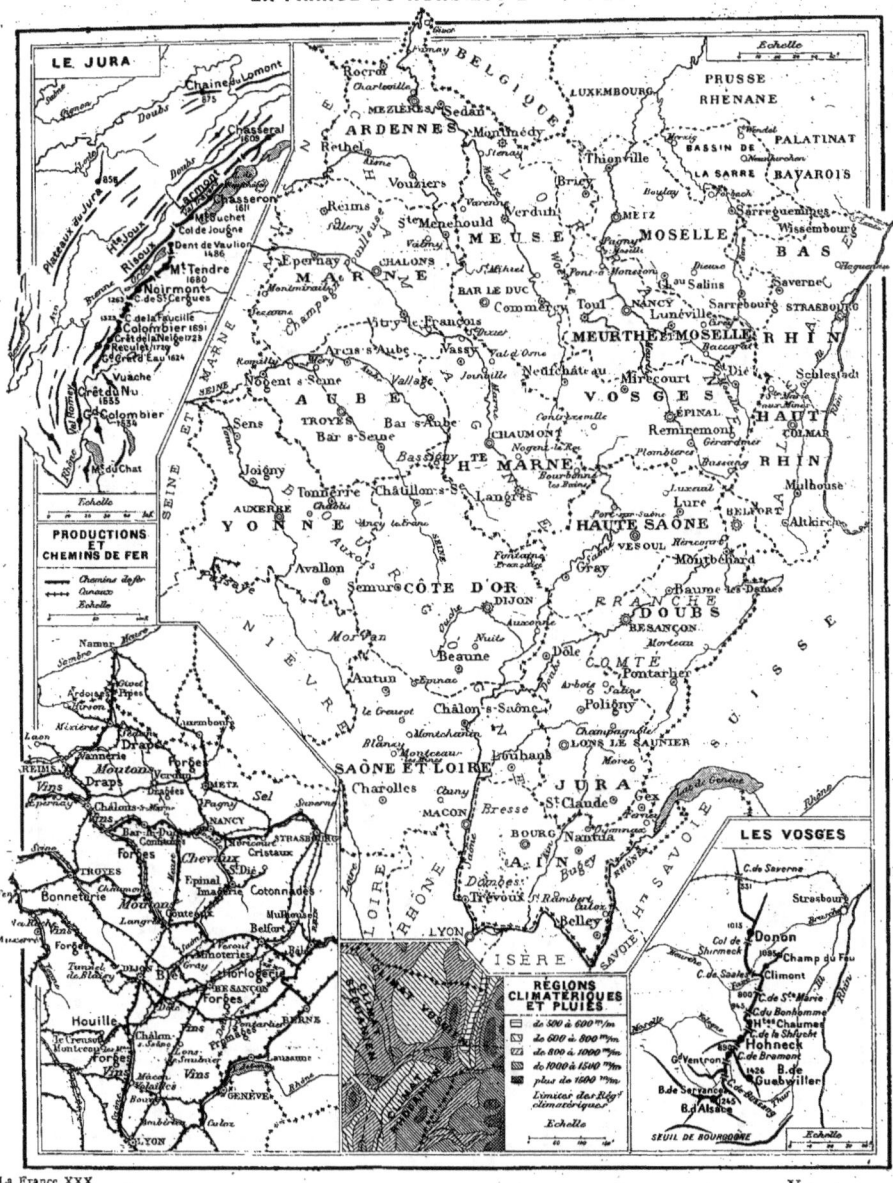

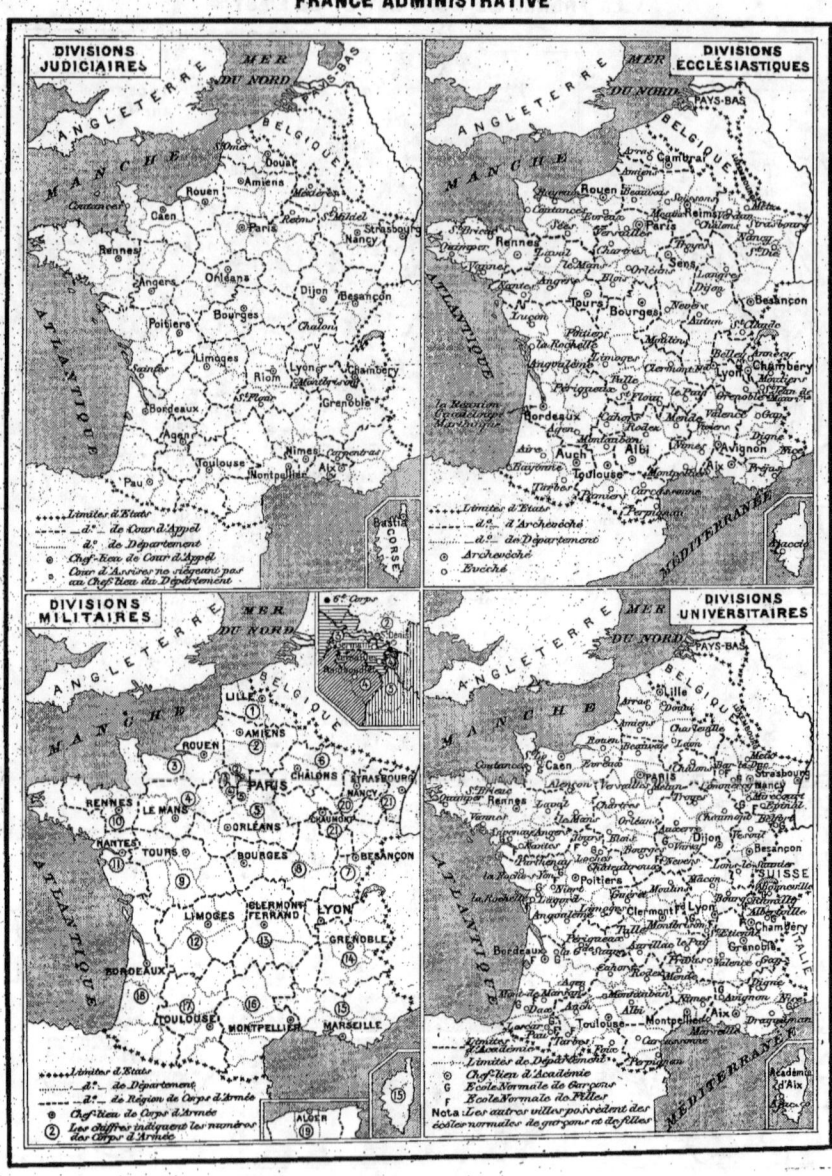

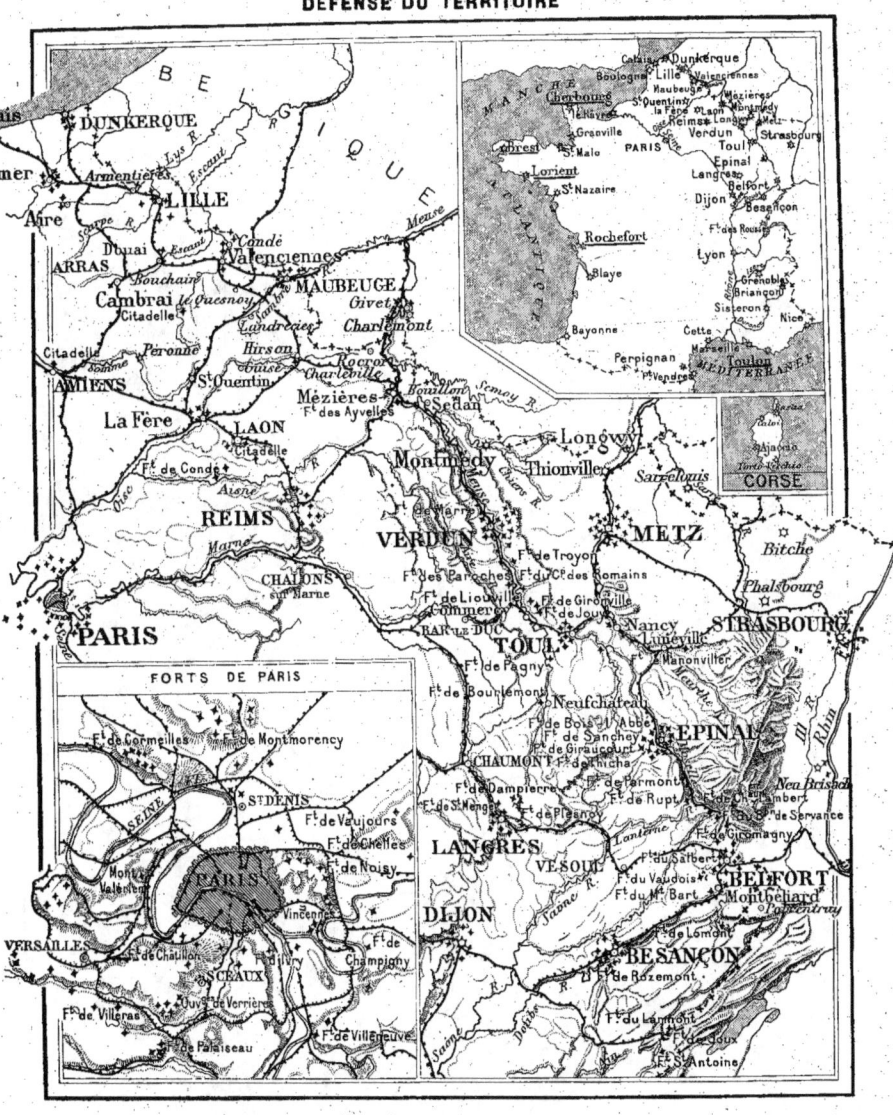
DÉFENSE DU TERRITOIRE

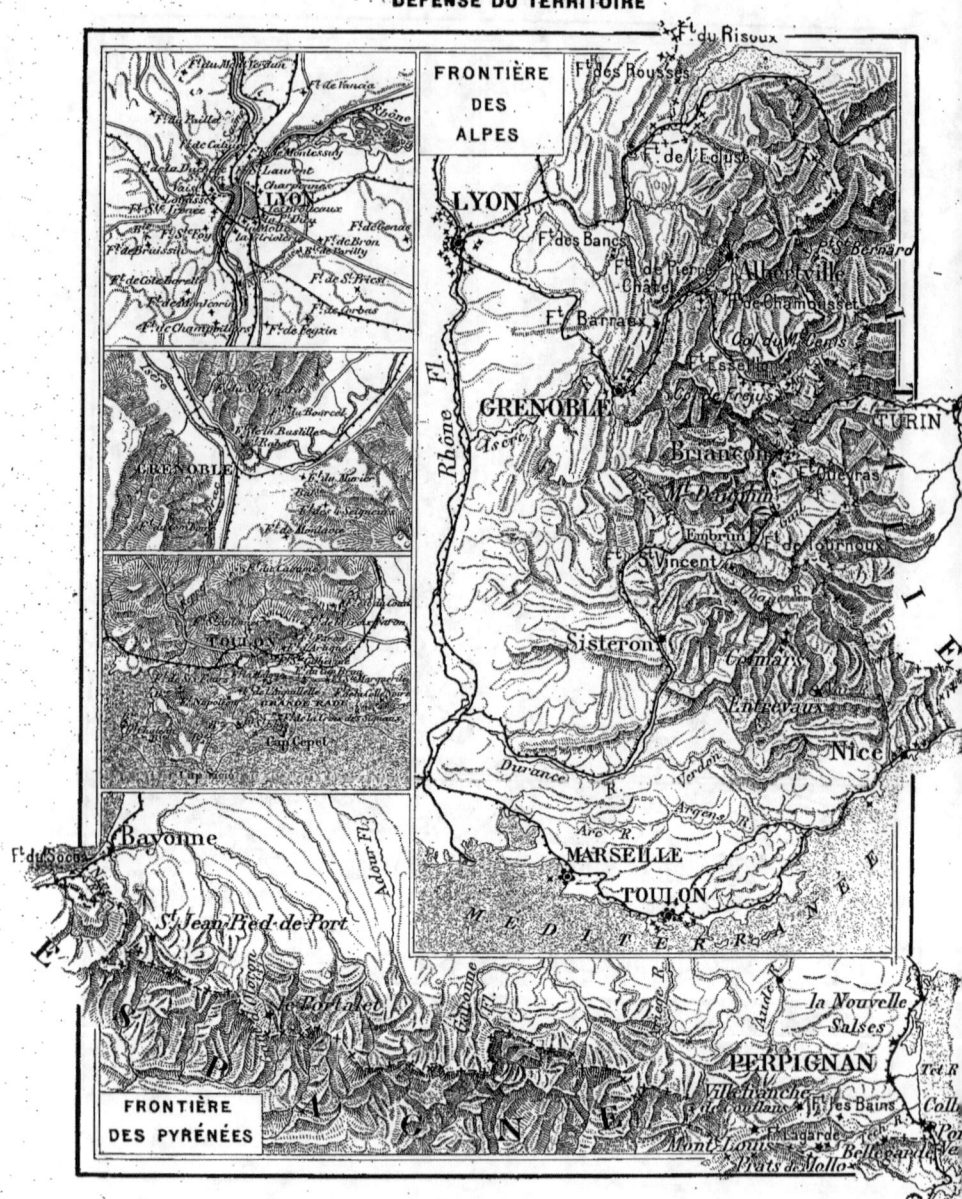

MAROC, ALGÉRIE, TUNISIE (CARTE PHYSIQUE)

MAROC

ALGÉRIE

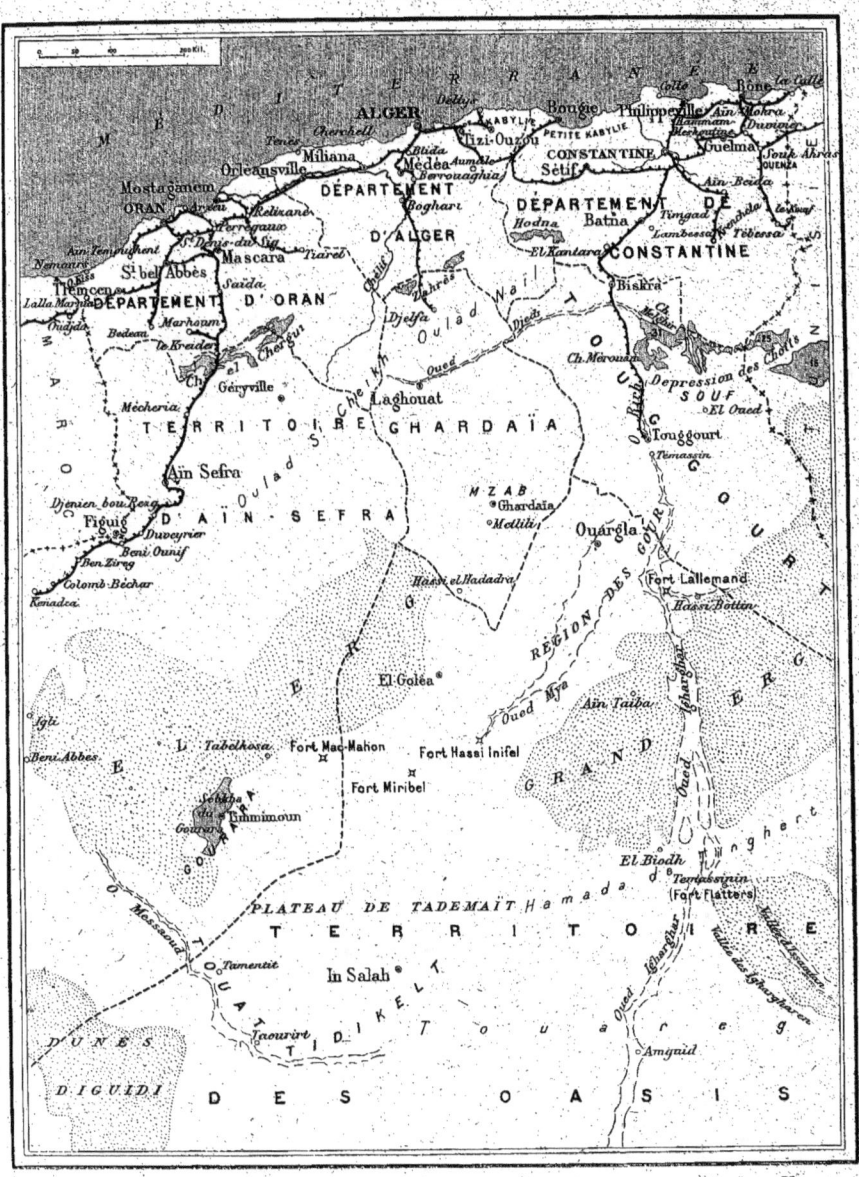

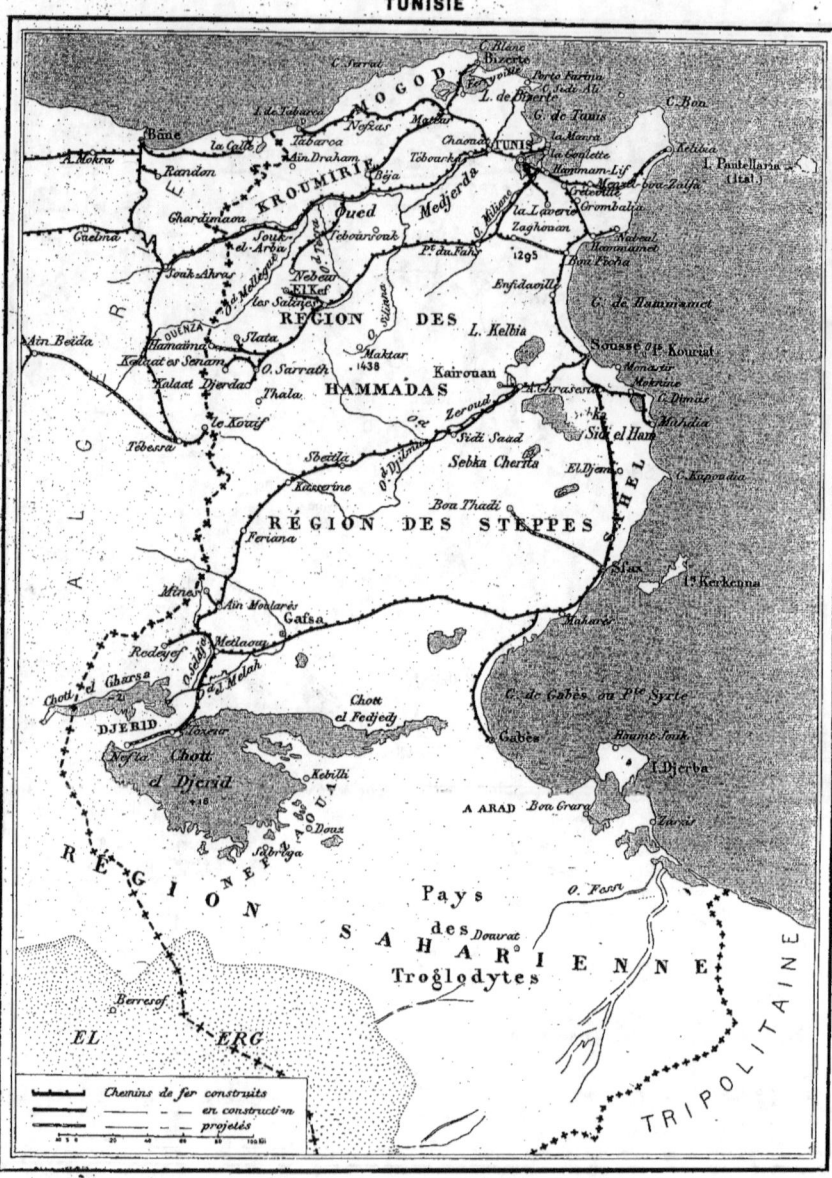

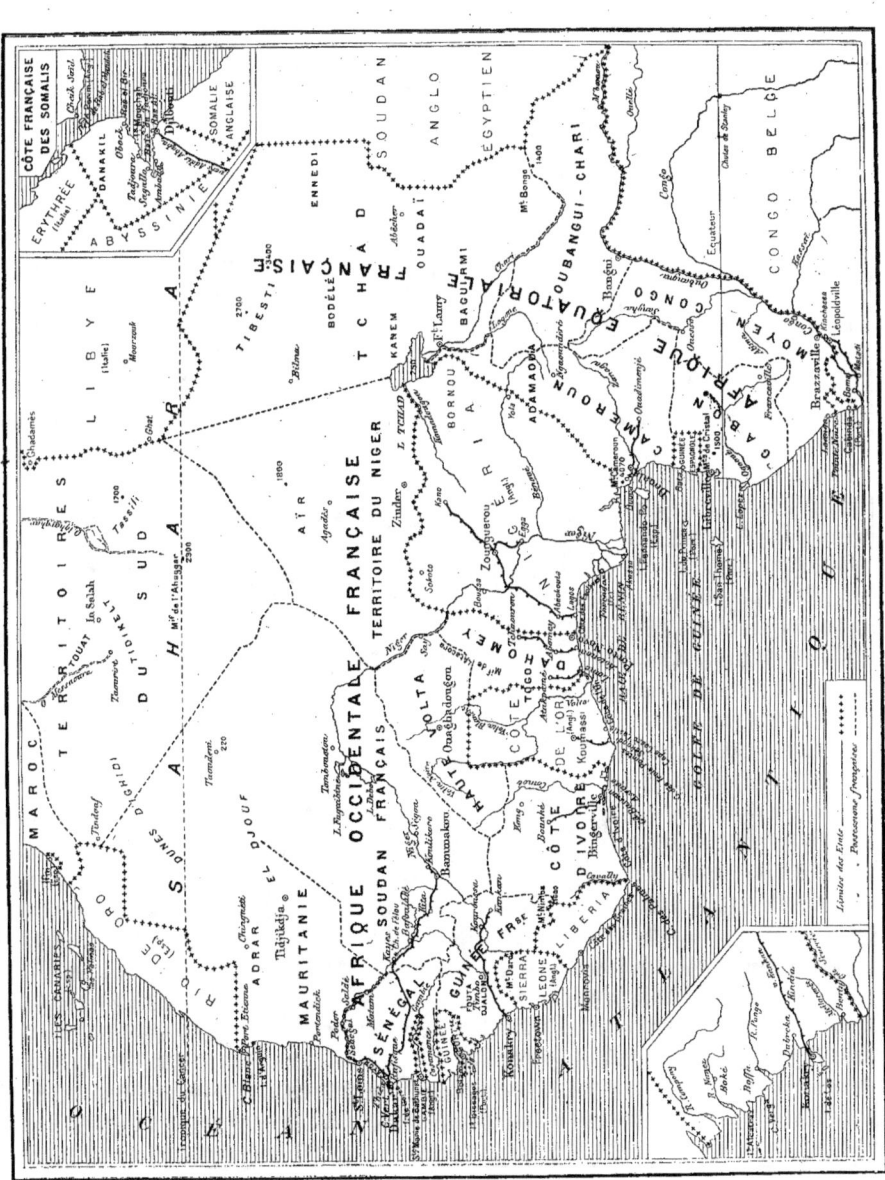

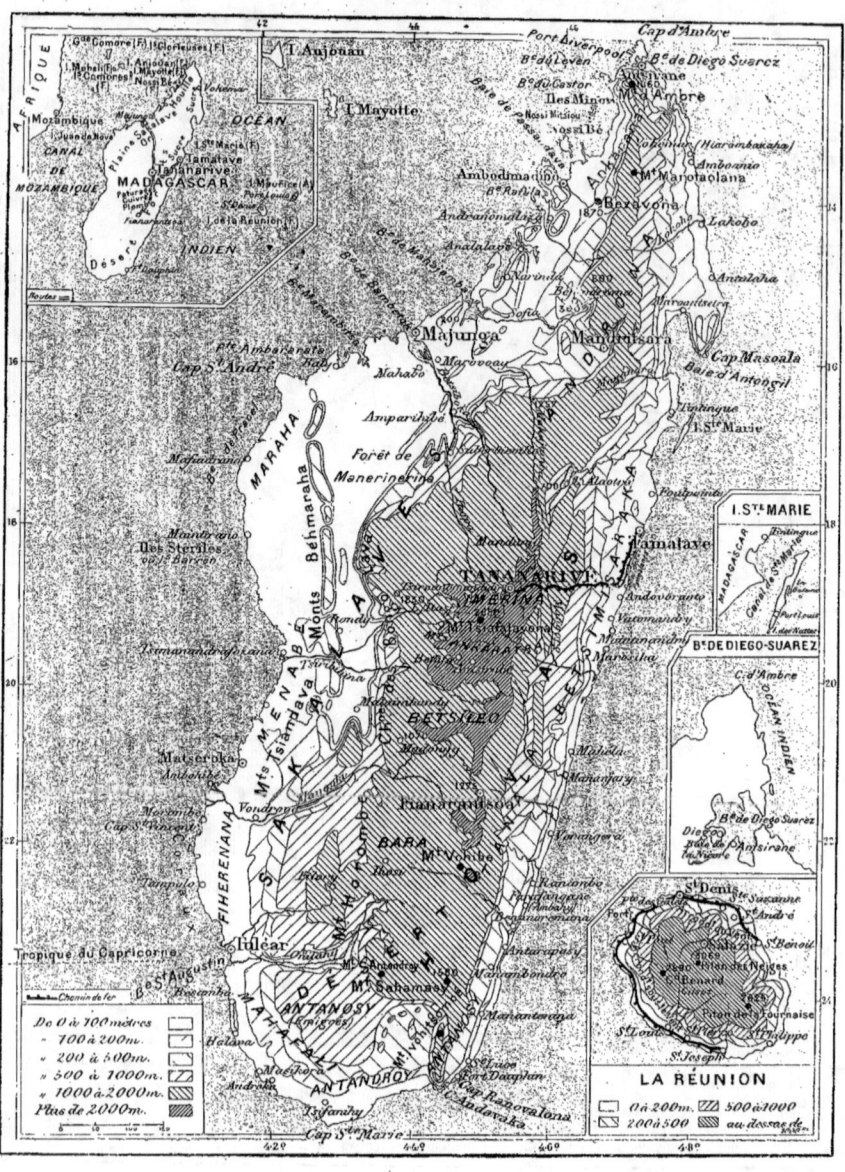

INDO-CHINE FRANÇAISE

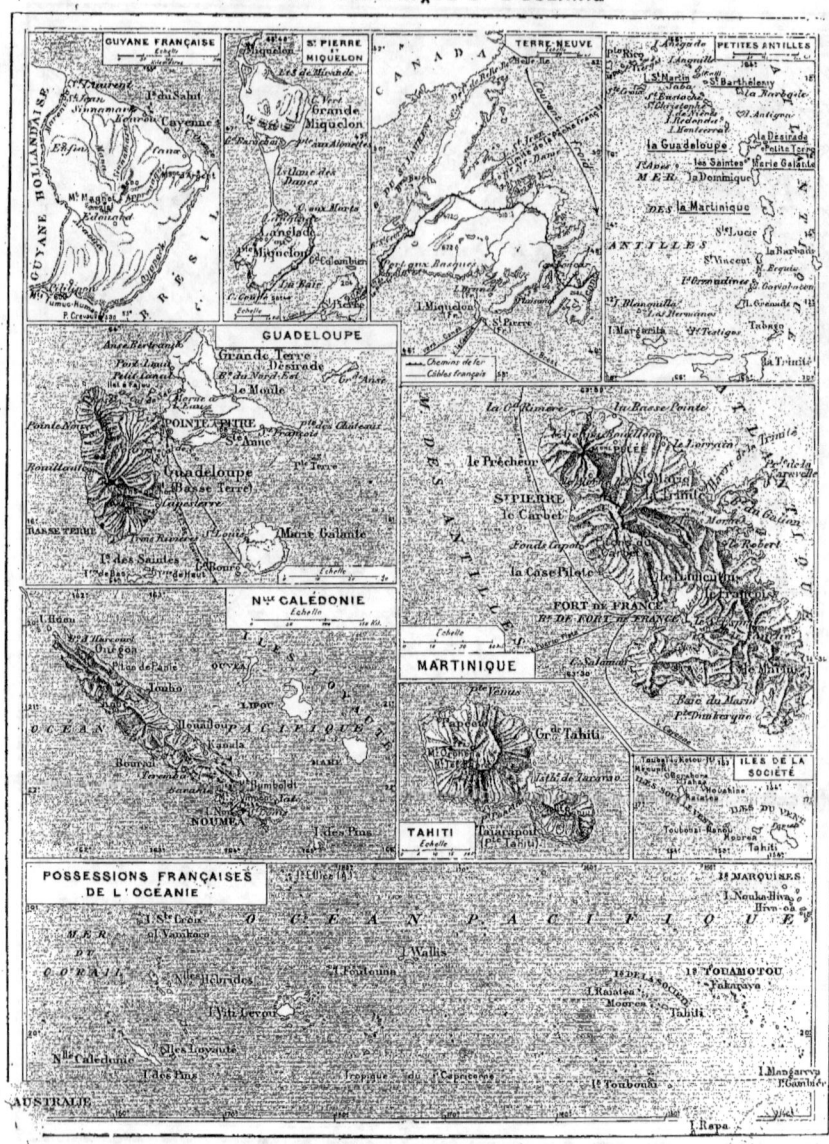

COLONIES D'AMÉRIQUE ET D'OCÉANIE